Angelika Overath

Engadinerinnen

Frauenleben in einem hohen Tal

Limmat Verlag
Zürich

per
Aita Zanetti

Vorwort

Seit fast 17 Jahren wohnen wir nun im Engadin. Bald nach unserer Ankunft war mir aufgefallen, dass die Frauen hier anders waren als im Universitätsstädtchen Tübingen, aus dem wir kamen. Sie schienen mir auf eine besondere Weise stark zu sein. Vielleicht nicht alle, aber es war doch so, dass mich immer wieder einige Momente im Alltag überraschten. Blicke, Haltungen und Handlungen, Antworten. Mag sein, dachte ich mir, dass das Leben in dieser Höhe, diese Härte – fünf, sechs Monate Schnee im Jahr – die Frauen prägt. Und aufmerksam sein lässt für das Kleine: nach dem Schnee die ersten winzigen Frühlingsblumen, die schon die Strahlkraft des Sommers zu tragen scheinen, die nahrhafte Pracht der Gärten, die gemeinschaftlichen Rituale wie Chalandamarz, wenn die Kinder an den Brunnen singen, die Märkte, die Dorffeste. Sicher spüren alle, die hier wohnen, die Präsenz der Berge. Ihre jeden Tag neue Schönheit spricht von unserer Endlichkeit. Und macht uns auch bescheiden.

Das Engadin war primär eine bäuerliche Region. Frauen mussten selbstverständlich an der Seite der Männer mitarbeiten. Und auch als das Tal sich mit dem aufkommenden Tourismus wandelte, waren es Frauen, die die neue Arbeit in Hotels, Pensionen, Ferienwohnungen leisteten.

Für mich ist jede Wäscheleine, an der Kleider flattern, ein Bild ungesehener Frauenarbeit. Männer positionieren sich gemeinhin leichter. Wenn mein Vater einen Nagel in die Wand schlug, dann war das ein Projekt. Es forderte höchste Konzentration und allgemeine Aufmerksamkeit!

Und den richtigen Nagel, den richtigen Hammer, und es brauchte eine Wasserwaage, um das Bild dann aufzuhängen. Meine Mutter machte alles wie nebenbei. Ja sie schien fast einen Ehrgeiz dareinzusetzen, dass man ihre Mühe nicht sah. Als würde die Schwere auf sie zurückfallen. Als sei sie dann nicht gut genug. Sie war eine Haushaltsartistin, deren Lächeln zum unbezahlten Beruf gehörte.

In mir wuchs der Gedanke, Frauen aus dem Engadin zu porträtieren, um das, was sie leisteten, sichtbarer zu machen. Mich interessierten Frauen, die nicht oder kaum in den Medien vorkamen. Frauen, die keine spektakulären Berufe ausübten, aber doch etwas mit Leidenschaft taten. Und deren Engagement das Leben in diesem Tal prägte. Die Kindergärtnerin, die Landärztin, die Reinigungskraft, die Bademeisterin, die Direktorin eines alternativen Hotels, die pensionierte Pfarrfrau, die Bäuerin, die Primarlehrerin, die Sterbebegleiterin, die Hüttenwartin, die Weberin im zweiten Arbeitsmarkt, die Skilehrerin, die Musikerin, die Studentin, die sich noch im Dorf einsetzt, die Betreuerin in einer Institution für begleitetes Wohnen, die ehemalige Journalistin, die Landschaftsgärtnerin und Sennerin, die Grossmutter, die nach den Enkeln schaut, überall mithilft und Romanischstunden gibt. Die Gespräche mit ihnen führten mich in eine verborgene Innenwelt des Engadiner Alltags. Nach jedem Interview war ich überrascht, wie sich mir das Tal, das ich schon so lange als ein Zuhause empfand, aufs Neue öffnete. Ich begriff die Bedeutung der Rhätischen Bahn, die zunächst italienische Gastarbeiter, dann internationale Gäste brachte. Das Geflecht der portugiesischen Familien zeigte sich mir wie der Einfluss der Randulins. Einst hatten sie als Wirtschaftsemigranten ihr Tal verlassen. Wenn sie in Venedig, Rom, Genua, Neapel ihr Glück machten, kamen sie im Sommer wie Schwalben zurück und brachten städtische Italianità ins Engadin. Und ich erkannte erst jetzt die Bedeutung des Singens, der Chöre. Ja, der Musik. Ich lernte die Vielsprachigkeit in den Familien genauer kennen und freute mich, dass dem Rätoromanischen auch im Oberengadin noch eine verbindende Funktion unter den Gruppen der verschiedenen Nationen zukommt.

Dabei stellte sich mir die Frage: Was heisst «einheimisch»?

Von den elf der im Tal geborenen Frauen hat eine in Israel in einem Kibbuz gelebt, eine andere war eine Weltreisende, die zwischen Afrika und Neuseeland arbeitete; eine fühlte sich in Marokko heimisch, wo sie Freunde besuchte. Eine hatte eine Randulins-Verwandtschaft in Genua, Rapallo, Portofino. Die Ehe einer anderen wurde durch eine Randulina-Schwiegermutter geprägt, die in Rom aufgewachsen war und dann zurück ins Engadin geheiratet hatte und im Nachbardorf lebte. Eine hatte eine deutsche Mutter, eine andere eine portugiesische; eine war mit einem Italiener verheiratet, drei hatten viele Jahre im Unterland verbracht. Und eine öffnete ihre Stube als Café für die internationalen Radfahrer, die auf dem Inntal-Radweg vor ihrem Haus vorbeikamen.

Unter den sieben nicht im Engadin geborenen Frauen waren eine Holländerin, eine Portugiesin, zwei Westdeutsche. Eine Deutsche hatte ihre Kindheit und frühe Jugend in der DDR verbracht; eine war Österreicherin. Manche dieser nicht im Engadin geborenen Frauen lebten länger im Engadin als die hier geborenen. Eine «meiner» Engadinerinnen, die mit einem Engadiner verheiratet ist (eine übrigens seltene Konstellation), erzählte mir, ihr Mann stamme aus einer etwa zehn Kilometer entfernten Ortschaft, aber er sage immer, wenn man nicht hier im Dorf geboren sei, würde man nie richtig dazugehören. Das relativierte meine Frage.

Die Spielregeln, unter denen ich arbeiten wollte, waren klar: Ich besuchte die Frauen zu Hause in ihrer Wohnung, vielleicht noch an ihrem Arbeitsplatz. Es gab ein Interview von etwa drei Stunden. Manchmal kam ich ein zweites Mal; oft sprachen wir am Telefon noch miteinander und klärten, was ich nicht gut genug verstanden hatte, um darüber schreiben zu können. Dann schickte ich meinen Textvorschlag. Es war ausgemacht, dass ich – ohne Diskussion – alles ändern würde, was die jeweilige Frau nicht im Text haben wollte, beziehungsweise dass ich einfügte, was für sie fehlte. Durch diesen Lektoratsprozess vermied ich Fehler, aber es gingen auch einige Spitzen verloren. Und das ist eben der Unterschied zwischen fiktionaler und nichtfiktionaler Literatur. Eine Reporterin ist nicht nur dem Text verpflichtet, sondern auch den Menschen, über die sie schreibt.

Der Lebens-Stoff, den ich bekam, blieb kostbar genug! Ja, er ist gerade deshalb kostbar, weil er von den porträtierten Frauen so verantwortet werden will. Ich durfte etwas weitererzählen, das vielleicht sonst nicht zur Sprache gekommen wäre.

Die Interviewsituation war intim. Ich liess kein Aufnahmegerät laufen. Sondern ich schrieb mit. Der Konzentration der Erzählenden entsprach die Konzentration der Schreibenden. So blieben unsere Augenblicke einmalig, nicht wiederholbar.

Alle 18 Texte sind im Zweimonatsrhythmus von Januar 2021 bis Dezember 2023 im Magazin *Terra Grischuna* erschienen. Die Reihenfolge dort war zufällig. Ich kannte mögliche «Engadinerinnen», andere bekam ich von Freundinnen empfohlen. Manche suchte ich, weil ich ein breites Spektrum von Berufen abbilden wollte. Ich habe versucht, nach und nach einen repräsentativen Ausschnitt bezüglich Alter, Tätigkeit, Ober- und Unterengadin, gebürtig und zugezogen zu bekommen. Aber natürlich ist die Auswahl rein subjektiv! Eine andere Autorin hätte leicht andere Engadinerinnen gefunden. Und jeder Mensch ist der Held seines Lebens und eines Porträts würdig.

Für das Buch habe ich die Texte in eine bewusste Reihenfolge gebracht. Da ich in Sent lebe, beginnt der Reigen in meinem Dorf und endet wieder dort. Dazwischen schweife ich zwischen Unterengadin und Oberengadin umher. Ich habe versucht, Porträts aneinander anschliessen zu lassen, die sich thematisch berühren. Und manchmal setze ich neu mit einem ganz anderen Aspekt ein. Um Wiederholungen zu vermeiden, habe ich ab und an leicht überarbeitet, manchmal habe ich versucht, stilistisch zu verbessern. Das Alter der Frauen ist so angegeben, wie es bei unseren Treffen war. Die Porträts sind Momentaufnahmen. Und damit ein Zeitdokument.

Ich danke allen «meinen» Engadinerinnen von Herzen für ihre Bereitschaft und ihren Mut, mir aus ihrem Leben in unserem hohen Tal zu erzählen.

Ich danke Julian Reich, Chefredaktor der *Terra Grischuna,* Chur, der an dieses Projekt glaubte und mir in seinem Magazin grosszügig Platz für eine Serie überliess. Ich danke dem Bilderspezialisten Martin Flepp, der mir immer wieder Hinweise zum Fotografieren gab und die Bilder liebevoll bearbeitet hat. Ich danke Laila Schneebeli und Trix Krebs vom Limmat Verlag, die mit viel Engagement halfen, dieses Buch zu realisieren.

Es war eine wunderbare Zusammenarbeit!
Grazcha fichun a tuot la cumpagnia, stat bain!

Angelika Overath
Sent, Winter 2023/2024

Che mâ hast tü da batter uschè ferm, o meis cour
Und warum nur schlägst du so fest, mein Herz

Peider Lansel

Tina Puorger, Sent

Pensionierte Kindergärtnerin, 64 Jahre

Mir war nie langweilig

Es war ein anderer Tisch. Mit einer Eckbank. Aber genau hier in ihrem Geburtshaus, in dieser Küche, sass sie als jüngstes von sechs Kindern am Tisch. Der Vater präsidierte, und sie sass links von ihm auf der Bank. Die Mutter ihr gegenüber. Als Jüngste durfte sie neben dem Vater sein. «Da war ich stolz drauf. Und ich weiss noch genau, wie er roch.» Sie atmet tief ein und ihre grossen Augen werden noch grösser: «Er roch nach Zement und Parisienne.»

Der Vater war Maurer. Die Familie hatte Schafe. Ein paar Ziegen. Ein Schwein. Und Hühner, wegen der Eier. Und eine Katze, wegen der Mäuse. Das Schwein wurde vor der Tür geschlachtet. Die Schafe und Ziegen brachte man eher zum Metzger fort.

«Ich habe nie gespürt, dass ich unwillkommen war. Die Mutter hatte nur einfach schon genug mit fünf Kindern!» Ein einziges Mal sei die Mutter zur Abstimmung gegangen. Beim Thema der Legalisierung des Schwangerschaftsabbruchs. Tina Puorger legt die Hände auf den Tisch. Sie trägt einen Ring, den sie sich aus einem Gämshorn gesägt hat. Die Mutter wurde 89 Jahre alt. Und am Ende habe sie schon zugegeben, dass sie froh war über ihre zwei Mädchen. Neben den vier Buben.

Sie war überfordert, kränklich. Eine stille Frau, die nicht Nein sagen konnte. Geschimpft habe sie nie. Erziehen musste der Vater. Sie kochte, half bei den Tieren. Und dann war da noch die Dorfwaschmaschine. Im Dorf gab es zwei Waschmaschinen von Schulthess. Eine in Plazzetta und eine in Tanter Saivs. Für die in Tanter Saivs war die Mutter zuständig. Die Frauen brachten die Leintücher, die Bettüberzüge, und die Mutter füllte und leerte die Trommel. Das gab fünfzig Rappen pro Waschgang. Es war ein ständiges Hin- und Herlaufen zwischen dem Haus und der Waschmaschine.

Nein, die Mutter sei eigentlich nicht religiös gewesen. Sie ging in die Kirche, am Sonntag, aber vermutlich, weil sie eine Stunde Ruhe wollte. Die Kinder besuchten die Predgina, den Kindergottesdienst. Dann kam man heim zum Essen. Sonntags gab es Schoppa da jotta, Gerstensuppe. Mit Karotten und Lauch und Rippli oder Schinken.

Unter der Woche Pizokel oder Kartoffeln; der Vater arbeitete viel mit Italienern. Und in der Kantine assen sie Pasta. Die mochte er dann zu Hause nicht mehr. Oft gab es Gemüse und Kartoffeln.

– Rösti mit Spiegelei und Speck?

«Mit Spiegelei *oder* Speck. Rösti mit Salat.» Sie schaut auf; sie will nicht falsch verstanden werden: «Es gab bei uns immer genug zu essen!» Das war nicht selbstverständlich. Eine Nachbarin – ihr Mann hatte einen grossen Schlüsselbund – habe immer bitten müssen: Gib mir die Nudeln aus dem Kasten!

Punkt 12.30 Uhr gab es Nachrichten, Radio Beromünster. «Beim dritten Ton mussten wir ganz ruhig sein.» Und abends sass die Familie wieder um das stoffbespannte Rundfunkgerät mit den Drehknöpfen und dem grünen Auge und lauschte den Hörspielen.

Das Kinderleben spielte sich draussen ab. Auf Bäume klettern, Fangis und Verstecken spielen. Am Brunnen spielen. Sie sei immer mit den Buben unterwegs gewesen. Ihre Schwester war ja neun Jahre älter. In die anderen Häuser gingen die Kinder nur einmal im Jahr, wenn im Winter Caramellas gemacht wurden. Abwechselnd rührten sie zwei Stunden lang: Butter, Zucker, Milch. Dann: Masse auf ein Blech giessen, kurz in den Schnee stellen, schneiden, aufteilen. «Gleich essen und nur nicht nach Hause mitnehmen!» Und manchmal sass Tina bei den jungen Ziegen in einem Verschlag im Stall. Sprach mit ihnen, hielt sie, liebkoste sie. «Ich war sehr selbständig; ich habe für mich allein entschieden. Mir war nie langweilig.»

Damals gab es Kindergarten nur im Sommer für zwei

Monate, weil die Erwachsenen aufs Feld oder zum Heuen mussten. Mit sieben wurde sie eingeschult. Ab der vierten Primarklasse Deutschunterricht, die letzten drei Jahre Französisch. «Ich wusste immer, dass ich Kindergärtnerin werden wollte.» Mit 16 Jahren also nach Chur in die Frauenschule für ein Haushaltsjahr. Sie lebte im Internat. «Das war streng. Mit 18 hättest du das nicht mehr ausgehalten.» Und nun musste die junge Rätoromanin Schweizerdeutsch sprechen. Aber wie? «Wir hatten ja nur wenig Deutschunterricht und nur in Schriftdeutsch. Und wir kannten ein paar Schlager. ‹Ich will 'nen Cowboy als Mann› und so.» Ein wenig Schweizerdeutsch hatte sie von Feriengästen gelernt. Im Sommer vermietete die Mutter die Küche, das Bad und ein leer stehendes Schlafzimmer (die ältesten Söhne waren schon aus dem Haus) an Stammgäste. «Wir wussten, jetzt kommen die Gerbers aus St. Gallen und dann die Dieslis aus Solothurn. Und da wurde eben geräumt.» Sie wichen in die Waschküche aus; Toilette im Stall.

Nach dem Haushaltsjahr Aupair-Mädchen in Zürich. Der Mann war Pilot, die Frau eine ehemalige Stewardess, die nun Kinderpause machte. Mit 18 endlich darf Tina die Ausbildung zur Kindergärtnerin beginnen. Sie wohnt in Chur in einem Internat für Romaninnen der Lia Rumantscha. Sie war keine gute Schülerin, aber jetzt lernt sie gern.

Sie ist zwanzig Jahre alt, als sie in Sent in einem engen Raum vor einer Schar von Kindern steht. 32 Fünfjährige, Sechsjährige! «Ich musste meinen Platz finden, meine Linie.» Nein, geschlagen habe sie nie. Aber einen frechen Buben habe sie schon einmal bei den Armen gehalten, ihm

Tina lacht vor den Bildern der Ahnen in der Stüva ihres Elternhauses, in dem sie wohnt. Sie kennt ihr Dorf wie eine Grossfamilie. Dreissig Jahre lang hat sie die Kindergartenkinder betreut und oft noch deren Kinder.

tief in die Augen geschaut und gesagt: Das machst du nie, nie mehr! Sie entwickelt Autorität. Aber sie ist fair.

Und neben den Kindern? Eine junge Frau aus dem Dorf. Man ging nach Nauders, Österreich, tanzen. Es gab den Bal da Büman im neuen Jahr und den Maskenball zu Fasching, im Sommer ein Waldfest. Sie war schon fünf Jahre Senter Kindergärtnerin, da gab es wieder ein Musikfest. Sie spielte Cornett; Jachen spielte Cornett. Sie kannten sich, Jachen kam aus dem Nachbardorf Ramosch. Aber er hatte als Fünfjähriger die Mutter verloren und viel Zeit bei den Grosseltern in Sent verbracht. «Er hatte dann seine Flirts, ich hatte meine Flirts. Aber bei diesem Fest, da hat es gefunkt.»

Doch Tina hatte beschlossen, für acht Monate nach Israel in einen Kibbuz zu gehen. Alles war organisiert. Und da verliebt sie sich! «Ich dachte, entweder hält es oder es hält nicht.» Im Kibbuz lebte sie mit Jugendlichen aus der ganzen Welt. Sie pflückten Orangen und Baumwolle, sie bauten Sonnenkollektoren. Am Sabbat war frei. Sie fuhren in andere Dörfer, mit Bussen oder per Autostopp. Und Tina schrieb Jachen ins Engadin. Und alle zwei, drei Wochen kam ein Brief in den Kibbuz. Telefonieren war zu teuer. «Es war ein Vertrauen da. Man hat daran geglaubt. Ohne Kontrolle.» Die beiden heiraten. 1984 wurde Selina geboren, 1987 kam Inglina auf die Welt, 1989 Aita. Für einige Jahre war Jachen Lehrer in Sils Maria, und sie nahm eine Kinderauszeit. «Sils, das war wie Ferien: dieser Wind, wie am Meer.»

Tina Puorger kennt das Unterfutter ihres Dorfs. Über dreissig Jahre hat sie hier Kinder begleitet, am Ende die Kinder dieser Kinder. Was hat sich geändert? «Du kannst sie nicht mehr so leicht begeistern. Im Halbkreis sitzen, eine Geschichte vorlesen: Das empfinden sie als so still und die Bilder laufen nicht.» So versuchte sie, den Kindern zu geben, was sie sonst nicht haben. Mit dem Sackmesser schnitzen, Feuer machen, am Wasser spielen. Sie ging mit ihnen in den Wald und auf den Mot, einen Hügel von Sent, von dem aus man zum Inn hinunterschauen kann. Ein schwerbehindertes Mädchen hat sie in ihre Gruppe integriert. Beim Kindergartenmusical zum Thema Orient verwandelte sie ihren Rollstuhl in ein Dromedar, auf dem die Kleine dann durch die Szene ritt.

Sie machte Kindern nichts vor. Als ein Fünfjähriger seinen Vater verlor, zündete sie jeden Morgen eine Kerze an. Auf dem Tisch lag ein grosses Blatt, und jedes Kind durfte erzählen oder zeichnen, was an den Vater erinnerte, oder etwas zu dem Jungen sagen. So entstand ein Kindertrauerbogen, den der Junge dann nach Hause nahm.

Sie war fast fünfzig, als sie eine vierjährige Ausbildung als Gestaltungspädagogin begann, berufsbegleitend am Wochenende und in den Ferien. Als Material für ihre Abschlussarbeit wählte sie Papier und Leim. Das war billig und dafür musste sie nicht nach Zürich fahren. Seither entstehen längliche, nein lange Pappmascheefiguren, schwebend an einem Faden hängend oder fragil um einen Metallstab gebaut. Da ist die «Noble» mit dem Helm, die «Aufschauende», die Orientierung sucht, die «Fliegende» oder die «Mutter», die Flügel verschenkt. Auch die «Gebundene» ist dabei, um deren Brust ein Band liegt, das sie gleich, gleich lösen wird. Tina Puorger hat in Sent ausgestellt, in Safenwil, auch in Zürich. Sie schaffe aber nicht für Ausstellungen, und sie verkaufe auch nicht gleich. Die

Figuren müssen eine Weile mit ihr gelebt haben. Ihre Arbeiten sind bezahlbar. «Ich möchte, dass jeder, der sich so etwas wünscht, es sich leisten kann.»

Seit Kurzem ist Tina Puorger pensioniert. «Man muss loslassen lernen.» Aber nun führt sie ein Airbnb im Curtina, ihrem Senter Grosselternhaus. Die Betten sind mit alten Linnen bezogen. Und zum Frühstück gibt es eigenen Honig. Etwas Neues hat begonnen. Aber war sie nicht schon ihren Kindern eine Gastgeberin in der Welt?

Adriënne Hanegraaf-Kruit, Ftan und Val Sinestra

Hebamme, Hoteldirektorin, 48 Jahre

NERSTUBE

Wenn man nachdenkt, ist wenig sehr schlimm

Dorfplatz Sent, 7.45 Uhr: Ein Mercedes Vito mit der Aufschrift «Hotel Val Sinestra – Berghaus» hält. Eine Frau, die Haare hochgesteckt wie eine Pariserin, in Strickpullover mit weitem Kragen, öffnet die Tür zum Beifahrersitz. Auf dem Schoss hat sie eine Tüte mit frischen Rosinenbrötchen, ob ich eines wolle? Adriënne Hanegraaf-Kruit kommt von Ftan. Aber auf ihrem Weg zur Arbeit hält sie immer beim Senter Bäcker Clalüna.

Wir fahren gegen Osten durchs Dorf hinaus. Eine Allee, dann beginnt schon der Wald. Die schmale Strasse ist stark vereist und macht immer wieder Kehren. Rechts unter uns klafft die Brancla-Schlucht. Hier möchte man lieber nicht vom Weg abkommen. Adriënne hält das Lenkrad locker und beisst ins Brötchen: «Wir haben eine Menge Splitt gestreut, und wenn einer in die Strasse einfährt, ruft er an. Wir stimmen uns ab.» Im Winter ist diese Strasse für den öffentlichen Verkehr gesperrt.

Das Hotel Val Sinestra, gelegen im linken (sinestra) Seitental des Unterengadins (gesehen von der Fliessrichtung des Inn aus), wurde 1910 als Kurhotel gebaut. In seiner Bäderetage nutzte man Mineralquellen, die hier aus den Felsen springen, darunter Europas einzige Arsenquelle. Mit dem Aufkommen der Pharmaindustrie wurde das Hotel mit seinen heilenden Wassern zunehmend vergessen.

Bevor der Bauzeichner Peter Kruit (1946–2018) es 1978 übernahm, um seinen holländischen Landsleuten Ferien in der Schweiz zu ermöglichen, stand der Belle-Époque-Bau einige Jahre leer. Peter Kruit sollte einmal Adriënnes Ehemann werden. Aber das ahnte weder er noch das damals fünfjährige Mädchen. Adriënne lebte zu dieser Zeit in Helmond, Nordbrabant. Ihr Vater war vor ihrer Geburt 27-jährig an Leukämie gestorben. Nun wuchs sie mit Mutter, Stiefvater, einer Halbschwester und zehn Pflegekindern in der Familie auf. Und ihr Stiefvater führte daneben ein Obdachlosenheim. «Als Kind findet man ja alles normal. Jedenfalls habe ich gelernt, flexibel zu sein.» Flexibel, sagt sie, aber vielleicht meint sie: sozial.

Das Hotel Val Sinestra ist vor allem ein holländisches Hotel. Gäste aus allen Teilen der Niederlande steigen um

Es gibt im Hotel Val Sinestra wenig Luxus, aber viel Atmosphäre. Jedes Zimmer hat seine Geschichte; manche Möbel sind hundert Jahre alt. Adriënne möchte, dass es bleibt, wie es ist. Wie lange wird sie das Hotel halten können?

9.30 Uhr in Arnhem (unweit der deutschen Grenze) in einen Shuttle-Doppeldeckerbus und sind etwa zwölf Stunden später in Martina, dem Engadiner Grenzort zu Österreich, unten an der Hauptstrasse. Von dort bringen alte Postautos oder Hotelbusse sie hinauf ins Tal.

Sechs Kilometer können sehr lang sein. Aber nun haben wir es geschafft! Vom Parkplatz aus stapfen wir die letzte Steigung hinauf. Vor dem Hotel sind grosse Lichtreflektorensegel gespannt, jemand fegt den Schnee vor der Tür, damit er weiss und glatt daliegt. Menschen stehen herum und wirken wichtig. Andere laufen herum und wirken wichtiger. Ein Filmset! «Ja, eine holländisch-schweizerische Co-Produktion. Der Regisseur hat als Kind viele Ferien hier im Hotel verbracht und schon damals gesagt: Einmal mache er einen Film, der hier spielt.» Das Treppenhaus hinauf stapeln sich grau-weiss gestreifte Matratzen. «Die Kinder in diesem Film machen allerlei Unsinn, Pfannkuchenschlachten und so. Und einmal fahren sie die Treppen auf Skiern hinunter.» Auf Matratzen? Adriënne nickt. «Ich glaube, es waren Stunt-Kinder aus dem Dorf, nicht die holländischen Kinderschauspieler.»

In der holzgetäfelten Bündnerstube sitzen Adriënnes Mitarbeiter und trinken ihren Morgenkaffee. Adriënne lässt uns zwei Kaffee aus der Maschine und ist verschwunden. Das Hotel fasst maximal zweihundert Personen. Je nach Saison arbeiten hier 20 bis 35 Menschen. Die meisten sind aus Holland, andere aus Deutschland, Polen, Italien. Auch wenn jetzt nur die Filmleute da sind, muss Adriënne doch einiges organisieren.

Sie kommt zurück, sagt, sie sei chaotisch, beisst in den Rest des Rosinenbrötchens und erzählt. Sie war vielleicht

17, da hörte sie, dass es im Unterengadin dieses holländische Hotel gebe. Und man könnte hier einen Ferienjob bekommen. Anfang der Neunzigerjahre fuhr sie ins Val Sinestra. Und schon in der ersten Saison verliebte sie sich in Peter, den Leiter des Hotels. «Ich dachte, es wird eh nichts. Er war ja auch 27 Jahre älter.» Sie fährt zurück. Und kommt wieder. In Maastricht hat sie ein Studium der Gesundheitswissenschaften begonnen. Und schnell beendet: «zu theoretisch!». Auch eine Ausbildung als Krankenschwester gefiel ihr nicht: «zu praktisch!». Über diese Umwege aber kam sie auf den Beruf der Hebamme. «Das war fundierte Theorie in einem klaren Feld. Und eine gute Praxis.» Sie macht die Ausbildung zur Hebamme in Antwerpen, Belgien. Die Belgier seien ganz anders als die Holländer. Höflich, umsichtig. Nicht so direkt. «Die Zeit in Belgien hat mich gut aufs Engadin vorbereitet. Belgier sind eher wie Schweizer. Und es ist doch besser, vorsichtig anzufangen; direkt kann man ja immer noch werden.»

1996 heiraten Peter und sie. «Der Altersunterschied war nie ein Problem. Wir hatten schöne Jahre. Es hätte ruhig länger dauern dürfen.» Das Paar wohnt im Hotel. Adriënne arbeitet als Hebamme in Scuol, in Samedan, auch ein wenig in Chur. Manchmal, wenn sie im Engadin Jugendliche trifft, denkt sie: «Die habe ich alle auf die Welt gebracht.» Sie kennt die Kinder, die Familien. 2004 und 2009 gebiert sie ihre Söhne Imre und Daan. Sie möchte nicht, dass sie im Hotel aufwachsen. Sie sollen in einer ruhigen Familienatmosphäre gross werden. So bauen sie und Peter 2012 in Ftan ein Haus. Als 2014 die Zusammenarbeit Peters mit seiner Geschäftspartnerin im Hotel auseinandergeht, steigt Adriënne ein. «Ich bin da so hineingewachsen. In Holland sagt man: ‹durch Schaden und Schande›. Also man macht etwas falsch, schämt sich. Lernt daraus, macht es besser.» 2016 wird bei Peter ein Darmkarzinom entdeckt. Zwei Jahre kämpft er. «Man hat operiert und probiert. Viele Behandlungen hat er für uns auf sich genommen.»

Peter Kruit ist mit 72 Jahren zu Hause gestorben. «Ich bin froh, hab ich ihn gepflegt. Nein, das Ende war nicht schön.» Und nach einem Schluck Kaffee: «Ich habe mich dann bei Exit angemeldet. Da hat man den Ball.»

Sie führt mich durch die Räume. Im riesigen, verglasten Speisesaal gibt es das Frühstücksbuffet, und man darf sich Brote mitnehmen für die Wanderung oder auf die Piste. Am Abend das Dreigangmenü. Eines für alle. Seit einem Jahr bietet sie für Pensionsgäste nur noch vegetarische Speisen an. «Erst dachte ich, da verliere ich Gäste. Dann dachte ich, nein, da bekomme ich die richtigen!» Im Restaurant kann man Fleisch bestellen. Aber nur Biofleisch. Für die Halbpension, etwa achtzig Franken, wäre das zu teuer. Im etwas tiefer gelegenen Berghaus aus dem Jahr 1904, das nur 15 Zimmer hat, kostet die Halbpension siebzig Franken. Die Gäste kommen zum Abendessen hoch.

Wir gehen durch den grossen Aufenthaltsraum, in dem gerade wegen der Filmaufnahmen präparierte Köpfe von Wildtieren an den Wänden hängen; ein Steinbock präsidiert zwischen rosa Samtsesseln. «Normalerweise gibt es bei uns nur den Adler.» Und sie zeigt auf das dunkle Tier mit den ausgebreiteten Schwingen. Die Zimmer sind einfach. Manche der Möbel sind hundert Jahre alt. Jedes Zimmer hat seine Geschichte. «Was das Hotel angeht, denke ich sehr traditionell. Ich will, dass es so bleibt, wie es ist.

Als Peter 1978 angefangen hat, sagte er, dreissig Jahre kann ich das halten, dann wird es losgehen mit den Reparaturen. Dann weiss ich nicht. Aber jetzt sind es ja schon 44 Jahre!» Und doch. Wann braucht das Berghaus ein neues Dach? Was ist, wenn die Gemeinde die Eisenbrücke nicht mehr instand halten möchte? Was, wenn eine Lawine das Hotel beschädigt?

Adriënne Hanegraaf-Kruit ist die Direktorin der beiden Häuser. Sie verantwortet alle Entscheidungen. «Ich bin ein kleiner Diktator. Aber letztlich bin ich demokratisch. Ich habe einige Menschen, die mich hier sehr unterstützen.» Da ist vor allem Pieter Schreurs, einst Primarlehrer, jetzt Co-Geschäftsführer, der ihr hilft, wo er helfen kann, und im Hotel als Techniker arbeitet, oder Elmo, wie Pieter ein sehr guter Freund ihres verstorbenen Mannes, «ein Allrounder, ein Dinosaurier», der das Housekeeping macht und da ist, wenn etwas fehlt. Viele der Menschen, die im Hotel arbeiten, sind Quereinsteiger. Und nutzen hier eine neue Chance. Ein ehemaliger Sozialarbeiter organisiert das Frühstück. «Und wir haben tolle Köche. Die haben das gelernt, indem sie es taten.» Adriënne sucht nicht nur saisonale Hilfen. «Wir brauchen Leute, die das hier auf sich nehmen wollen, die bleiben, die auch mal was aushalten.»

Und warum schaut sie nicht nach Sponsoren? Sie lacht. «Da ist die Seele weg.» Die meisten Sponsoren möchten mitbestimmen. «Wer akzeptiert denn schon unseren Stil! Wir sind eine Nische. Ein altes Hotel ohne Komfort!» Schicke Hotels gebe es genug. Und da gebe es Hotels, die haben Sponsoren, aber keine Gäste. «Wir haben Gäste, aber kein Geld.»

Zu Adriënne kommen Menschen, die sich hier mit anderen treffen möchten. Die mehr an einer gemeinsamen Spielrunde am Abend interessiert sind als am Marmorbad mit Regendusche für sich allein. Grosse Familien mischen sich mit Einzelreisenden. «Manchmal haben wir fünfzig, sechzig Kinder!» Nicht wenige Gäste lernen sich im Hotel Val Sinestra kennen und verabreden sich dann auch in Holland. Und kommen wieder. Adriënne möchte, dass ihre Gäste eine Woche bleiben. Hotelbuchungen für nur eine Nacht bringen Unruhe. Natürlich kann man das Hotel auch für Hochzeiten oder Geburtstage mieten. Vor allem Deutsche und Schweizer nehmen dieses Angebot wahr. Aber das macht einen geringen Teil ihrer Einkünfte aus. «Die finanzielle Lage ist auf der Kippe. Aber was heisst denn Risiko?» Sie schaut aus einem Fenster in das baumdunkle Tal hinunter. «Was ist das Schlimmste, was passieren kann? Wenn man nachdenkt, dann ist wenig sehr schlimm. Zur Not muss ich aufhören.» Sie dreht sich um und lacht: «Ich stehe zu dem, was ich will. Und eine gewisse Waghalsigkeit habe ich von Peter gelernt.»

Franca Nugnes-Dietrich, Sils Maria

Pflegefachfrau und psychotherapeutische Beraterin für Schwerkranke und ihre Familien, 44 Jahre

Ich habe in mir das Gefühl, dass es schon gut kommt

Auf dem Handybild mit ihrer zwei Monate alten Enkelin halte ich Franca für ihre Tochter Lara. Sie lacht. Nein, nein, das sei schon sie. Gestern habe sie das Selfie aufgenommen. Aber sie werde oft für die Mutter gehalten, wenn sie den Kinderwagen mit der Kleinen schiebe. Wie kann man so jung aussehen bei einem so schweren Beruf?

Franca Nugnes arbeitet als Pflegefachfrau im Spital Oberengadin in Samedan auf der Akutstation. In den zwanzig bis dreissig Betten liegen, je nach Saison, abgestürzte Wanderer oder verunfallte Skifahrer; es gibt Menschen mit Corona, einer Lungenentzündung oder gereiztem Blinddarm. Krebskranke sind unter ihnen. Daneben ist Franca die Leiterin des Palliativen Brückendienstes im Oberengadin. Das ist eine Organisation, die, zusammen mit dem ambulanten Pflegedienst Spitex, Sterbende begleitet, die die letzten Tage ihres Lebens zu Hause verbringen möchten. Die palliative Betreuung versucht, die Symptome der Kranken zu kontrollieren und durch persönliche Zuwendung und mit Medikamenten Schmerzen, Übelkeit, Atemnot und Angst zu lindern. Und Franca arbeitet zudem als psychotherapeutische Beraterin für Avegnir. Der vor zwanzig Jahren im Engadin gegründete Verein unterstützt, im Auftrag der Krebsliga, Krebskranke; er kümmert sich aber auch um ALS-Patienten, Personen mit MS oder anderen schweren Leiden. Wenn der Tod drohend am Horizont erscheint, kann eine seelische Zuwendung die Lebensqualität noch entscheidend verbessern. Als junge Frau, sie war 31 Jahre alt und Mutter zweier Kinder, hat Franca eine Ausbildung in Logotherapie und Existenzanalyse nach Viktor Frankl begonnen und nach vier Jahren abgeschlossen. Der österreichische Neurologe und Psychiater Viktor Frankl gilt neben Sigmund Freud und Alfred Adler als Begründer einer dritten Wiener Schule der Psychoanalyse. Wollte man holzschnittartig diese drei Richtungen charakterisieren, könnte man Freud unter dem Schlagwort «Wille zur Lust», Adler unter «Wille zur Macht» und Frankl unter «Wille zum Sinn» charakterisieren. Frankl hat vier Konzentrationslager, darunter Auschwitz, überlebt und in seinem Buch ... *trotz-*

Feierabend nach einem Tag auf der Akutstation im Spital Oberengadin in Samedan. Der Blick geht über den Silsersee. Die Natur ist schön, nicht weil sie von Menschen gemacht ist. Aber Menschen müssen ihr Sorge tragen.

dem Ja zum Leben sagen von seinen Beobachtungen in Extremsituationen erzählt.

Nach Frankl ist es selbst in inhumanen Situationen möglich, einen Daseinssinn zu finden. Leid, Schuld, Schicksal machen die menschliche Existenz ebenso aus wie Freiheits- und Glücksmomente. Und der Tod beschliesst das Leben, das es ohne ihn nicht gäbe.

Auf der Akutstation müsse sie handeln, sagt Franca. Bei der Betreuung von Sterbenden gelten andere Regeln. «Bevor ich das Zimmer eines Sterbenden betrete, halte ich einige Momente inne. Ich versuche herunterzukommen von meinem Aktivismus. Ich möchte keine Hektik zu ihm bringen. Ich versuche, ruhig zu sein.» Und manchmal müsse man gar nicht viel reden, sondern die Situation mittragen. Dabeisein. Auch wenn man nichts mehr machen kann, kann man noch sehr viel tun. Wer mit Franca Nugnes spricht, könnte auf den Gedanken kommen, dass es nicht nur ein Vertrauen ins Leben gibt, sondern auch ein Vertrauen in den Tod.

Woher hat sie diese Stärke und Geduld? Sie schaut mich an, als habe sie sich diese Frage nie gestellt. Es sei immer so gewesen. Schon als Kind, als Jugendliche haben andere ihr Herz bei ihr ausgeschüttet. Und sie hat zugehört. Franca Nugnes ist das Gegenteil von pathetisch. Wir sitzen in ihrer Küche in Sils Maria, Wachstuchdecke, Kinderbilder, Familienfotografien. Vater Rino ist noch unterwegs und holt den 14-jährigen Fabrizio vom Sport ab. Wir trinken Kaffee und essen Plätzchen aus der Tüte.

Ich frage sie, ob sie gläubig sei. «Nicht unbedingt religiös», sagt sie. Aber sie glaube sicher an eine höhere Macht und dass man selbst nicht alles organisieren und leiten könne. «Manchmal weiss ich nicht, wie es weitergeht. Aber ich habe in mir das Gefühl, dass es schon gut kommt.» Sie glaube an Gott, aber sie bete nicht aktiv. Und in die Kirche gehe sie, weil sie den Pfarrer frisch findet, weil sie ihm gerne zuhört.

Franca Nugnes-Dietrich ist aufgewachsen in dem legendären Fünfsternehotel Waldhaus in Sils Maria, das ihr Vater Felix Dietrich mit seinem Schwager Urs Kienberger führte, bevor Francas Brüder Claudio und Patrick es in der fünften Generation übernahmen. «Meine Eltern sind sehr gläubig. Und mein Ururgrossvater hat eigens eine Kapelle in das Hotel bauen lassen. Im reformierten Oberengadin gab es keine katholische Kirche.» Bis in die Siebzigerjahre war die Kapelle im Hotel Waldhaus das einzige katholische Gotteshaus in Sils.

Die ersten sieben Jahre ihres Lebens verbrachte Franca im Hotel. Sie hatte ein Zimmer zusammen mit ihrem ein Jahr älteren Bruder Claudio, das neben dem Zimmer der Grosseltern lag. Am anderen Ende des Flurs wohnten die Eltern mit den Zwillingen Patrick und Sandra, die zwei Jahre nach Franca auf die Welt kamen. Drei Jahre später wurde Carla geboren. «Meine Mutter hat in sechs Jahren fünf Kinder bekommen.» Das gemeinsame Leben im Hotel war ein Drei-Generationen-Projekt. «Und dann waren da noch eine Grosstante und ein Grossonkel, beide unverheiratet. Und deshalb eben bei uns. Man war nie in der Ursprungsfamilie.» Das Zusammensein hatte klare Strukturen. Punkt 12.00 Uhr gab es Mittagessen. «Personalessen, es war schrecklich! Immer so komische Sachen mit braunen Saucen. Aber ich war als Kind auch heikel. Ich hätte lieber einfache Sachen gewollt. Und wenn es Pizza gab, haben sie was weiss ich draufgelegt. Und dann war nicht einmal mehr die Pizza gut.» Bei Tisch mussten die Kinder leise sein. Vater und Grossvater diskutierten Angelegenheiten des Hotels. Und um 12.30 Uhr kamen die Nachrichten. Da war Ruhe. Eine Kindheit im Hotel war eine Kindheit mit den Geschwistern, mit Gästekindern im Hotelkindergarten, mit den spanischen Kindermädchen. Die Übergänge von privatem und öffentlichem Leben blieben fliessend. «Unseren Eltern war es wichtig, dass uns bewusst ist, dass die Gäste an erster Stelle kommen. Es gibt Hotels, da wohnt die Direktorenfamilie in den schönsten Zimmern. Bei uns galt: Alles Schöne gehört den Gästen! Wir haben gelernt, uns selbst nicht so wichtig zu nehmen.» Als Franca sieben ist, wird das Personalhaus neben dem Hotel fertig und die Familie zieht dahin um. Mittagessen gab es weiterhin im Hotel.

Und es war selbstverständlich, dass alle mithalfen. Abends schüttelte Franca mit der Grossmutter die Servietten aus, bevor sie in die Waschmaschine kamen. Die Mutter organisierte das Waschen, damit die «Mädchen», wenn sie morgens erschienen, gleich was zum Mangeln hatten. Und dann erledigte sie noch die täglichen Kassenabschlüsse.

«Ich hatte eine sehr gute Kindheit. Wir durften jederzeit ins Hotel kommen. Und wir waren ja zu fünft und haben viel miteinander gespielt, Familie, Hotel, Zirkus. Und noch heute haben wir Kontakt zu manchen Gästen und deren Kindern, die nun selbst Eltern sind. Aber ich wollte es nie so für meine Kinder. Es war eine bewusste Entscheidung, eine andere Mutter zu sein. Familienintim. Und ich wollte für die Kinder kochen.»

Vermutlich hilft dieses früh gelernte Absehen-von-sich-selbst Franca heute auch bei ihrer Arbeit für andere. In der Pflege, in der psychologischen Beratung, bei der Sterbebegleitung. «Da gibt es immer Situationen, die gut laufen, und andere, die schwierig sind.» Ich frage nach. «Ja, wenn da eine alleinstehende Frau im Sterben liegt, die einen zwölfjährigen Sohn hat, das bringt einen schon an die Grenzen. Oder es gibt Patienten, die tragen sterbend Sachen mit sich, die nicht bereinigt werden können. Die Kinder sagen nein, die Beleidigungen waren zu gross, sie können nicht verzeihen. Manchmal geht es auch ums Erbe. Oft sind es Sachen, zu denen man von aussen sagen muss: Das sollte doch kein Problem sein! Und letztlich ist es für die, die zurückbleiben, dann doch schwierig. Der Tote ist tot. Aber sie leben weiter mit der Schuld, nicht vergeben zu können.» Aber manchmal geht es auf. «Wenn wir einen Menschen begleiten und er stirbt in Frieden, dann ist das, so traurig es ist, eben auch gut.»

Die Hilfe, die Franca in ihrer Arbeit für Avegnir leistet, kennt drei Phasen. Die unterstützenden Gespräche bei der Diagnose einer unheilbaren Krankheit. Die Begleitung beim Krankheitsverlauf und unter Umständen beim Sterbeprozess. Danach die Betreuung der Hinterbliebenen. Wo findet sie die Kraft für diese Seelenarbeit? «In der Familie», sagt sie, «in meiner Familie und in meiner Ursprungsfamilie.» Und sie helfe gerne bei verschiedenen Anlässen, im Hotel oder als Freiwillige bei Skirennen zum Beispiel. Das sei etwas ganz anderes, eine Arbeit mit Gesunden! Sie achte auch nicht bewusst auf Ausgleich, räume sich nicht Zeiten für Sport ein. Manchmal gehe sie langlaufen auf den Seen. Da sei eine Stunde schon viel.

Bei Ski alpin sei eine Stunde ja nichts. Wenn sie im Spital Nachtschicht hat, ist sie um 8 Uhr daheim, bei Spätschicht gegen 23 Uhr und sonst um 16 Uhr. Wenn sie für Avegnir Menschen betreut, ist sie im Notfall auch nachts zu erreichen, ihr Einzugsgebiet sind Oberengadin, Bergell und selten, aber doch, Puschlav. Und seit es die kleine Enkelin gibt, unterstützt sie ihre Tochter bei der Betreuung. Einmal im Jahr fährt die Familie ans Meer und einmal im Jahr nach Rom, zum Schwiegervater, der einst als Gastarbeiter aus der Region Neapel nach St. Moritz kam und eine Engadinerin aus Ardez heiratete. Ihr Mann Rino ist in der Schweiz geboren. Er arbeitet im Migros-Restaurant. «Wir haben unseren Alltag, und der Alltag ist okay!» Ihr Lieblingsort? Chastè vielleicht, sagt sie, die Halbinsel im Silsersee. Aber dann fügt sie hinzu: «Es sind doch die Leute, die den Ort ausmachen! Abends vor dem Haus sitzen und etwas zusammen trinken, das ist immer schön.»

Aurora Maria Coelho Duarte Lima, Pontresina

Haushaltshilfe, Hauswartin, Reinigungskraft, Seniorenbegleiterin, 58 Jahre

Wir sind schon so lange hier

Schmale Hände, lange Finger, die Nägel sorgfältig gefeilt und lackiert. Aurora will mich in das Wohnzimmer führen, grosse Fenster zum Garten, Sofamöbel. Aber ich sage, ich bräuchte einen Tisch zum Mitschreiben. Sie nickt und führt mich in die Küche. Der Tisch ist mit einer Längsseite an die Wand geschoben, aber wenn Freunde oder die beiden Töchter kommen, wird er in die Mitte des Raumes gerückt. Dann können hier alle essen. Aurora hat einen portugiesischen Mandelkuchen für mich gebacken, der auf der Küchenablage steht. Alles wirkt klar. Zart auch.

Aurora ist die Tochter von portugiesischen Eltern, geboren aber wurde sie in Südostafrika, in Mosambik, das damals (und schon seit fünfhundert Jahren) eine portugiesische Kolonie war. Ihr Vater Adelino besass eine Farm mit gut hundert Rindern, ihre Mutter Ottilia verkaufte in einem grossen Geschäft Nahrungsmittel, aber auch Kleidung und vieles, was man zum alltäglichen Leben brauchte. Familienbande. Vater Adelino war mit seinem Bruder nach Mosambik gekommen. Und als die Frau des Bruders ihn mit ihrer Schwester Ottilia besuchte, lernte Ottilia Adelino kennen. Zwar war er 21 Jahre älter als sie, aber er gefiel ihr. So waren bald zwei Brüder mit zwei Schwestern verheiratet.

Aurora hatte einen etwas älteren Bruder, Norberto. Einmal machte sich der kleine Norberto mit seinem Velo selbständig. Es gab da ein interessantes Brunnenloch. Adelino und sein Bruder fanden das Velo und buddelten im Sumpf, der dort das Brunnenloch umgab. Norberto wurde in die Klinik gebracht, aber es war zu spät. Am Abend legte man Aurora einen Cousin in das Bett von Norberto. Aber die Vierjährige rief: Nein, das ist nicht mein Bruder. Wo ist mein Bruder? Die Mutter habe nie über den Unfall sprechen wollen. Sie gebar das Mädchen Fatima und dann einen Knaben, der den Namen Norberto erhielt.

Mosambik, das war Hitze, das waren viele Kinder, die miteinander spielten und zusammen am Boden sassen und mit den Händen assen. Und Aurora unter ihnen. Ausflüge mit der Familie ans Meer. Das Leben war leicht, frei. Mit fünf Jahren kam Aurora zu katholischen Nonnen in

Manchmal kommen die Töchter Katia und Tania zu Besuch aus Winterthur und Zürich. Hier stehen sie unweit von Auroras Haus vor der Kirche Sta. Maria, die wegen ihrer Fresken aus dem 12. und dem 15. Jahrhundert berühmt ist.

eine Internatsschule für portugiesische Kinder. Doch am Sonntag waren Vater und Onkel da, und es gab ein gemeinsames Picknick. Im April 1975 wurde Mosambik unabhängig – «Es war Krieg, es gab Tote» –; viele Portugiesen verliessen das Land. Auroras Vater versuchte zunächst, in Südafrika heimisch zu werden. Doch er bekam die Aufenthaltspapiere nicht. Die Familie ging wieder nach Mosambik, lebte eine Weile in der Hauptstadt Maputo in einem Hotel. Nach einer Odyssee von einem Jahr kehrten Adelino und Ottilia mit ihren Kindern Aurora, Fatima und Norberto nach Portugal zurück. Aurora war nun zehn Jahre alt.

«In Portugal haben meine Eltern wieder mit nichts angefangen. Wir wohnten im alten Haus einer Tante. Ohne Licht, ohne Wasser. Mein Vater begann mit zwei, drei Kühen. Auf dem Land des Grossvaters.» Aurora sagt einfache Sätze, in denen das Schwere eine paradoxe Selbstverständlichkeit bekommt. Die Mutter habe gekränkelt, sie habe nicht die Kraft gehabt, auf dem Land zu arbeiten. Sie habe von der Grossmutter nähen gelernt. Arbeitete bald als Näherin. Später habe sie in einem winzigen Laden begonnen, wo es Brot zu kaufen gab und kleine Dinge.

Aurora absolviert die Grundschule im Dorf Sanfins, dann geht sie in die weiterführende Schule in Moimenta da Beira. Sie ist 15, als der Vater ihr sagt, dass sie auf eine höhere Schule gehöre. Aber er habe kein Geld, sie weiter lernen zu lassen. Aurora kommt in die Fabrik. Es ist eine grosse Fleischfabrik, die ganz Portugal beliefert. Sie heisst Sete Irmãos, auf Deutsch Sieben Brüder, aber, sagt Aurora und verschränkt die Hände auf dem Küchentisch, es seien nur drei Chefs gewesen. Zunächst schneidet sie Fleisch.

Vom Knochen ab? Nein, nein, dafür gab es Spezialisten. Sie schnitt Fleisch klein. Am Fliessband? Nein, an einem grossen Tisch. Bald steigt sie auf. Sie macht Bestellungen für die Lastwagen fertig. Dann kommt sie ins Büro und schreibt Rechnungen für die Restaurants, die beliefert werden. Am Ende arbeitet sie als Empfangsdame an der Rezeption.

Bei einem Dorffest lernt sie José kennen, der als Saisonnier in der Schweiz arbeitet und in den Ferien zu seiner Familie nach Portugal kommt. Zwei Jahre später heiraten die beiden. José ist Koch im Oberengadiner Restaurant Muottas Muragl auf über 2400 Metern über Meer. Nun sucht er für seine Frau auch eine Arbeit in der Schweiz, möglichst in seiner Nähe. «War nicht so einfach.» Zunächst kommt Aurora für die Wintersaison in Champfèr in einer Hotelwäscherei unter. Da es aber wenig Schnee gibt und die Gäste ausbleiben, sagt die Gouvernante ihr im März, dass man sie nicht mehr brauche. José ist sauer. Mitte April beginnen die beiden in einem Hotel im Tessin. Aurora an der Bar, José in der Küche. Das geht bis September. Sie fahren nach Portugal. Im Dezember geht José wieder auf die Muottas Muragl. Aber Aurora ist schwanger und José findet, sie solle in Portugal bleiben. Aurora hilft der Mutter im Laden. Im März 1988 wird Tania geboren. Im April kommt José nach Portugal zurück und schliesst sein Kind in die Arme. Er kann bis Juni bleiben. José hat für Aurora eine Arbeit in St. Moritz Bad in einer Wäscherei gefunden, «bügeln, waschen, alles». Die jungen Eltern lassen Tania bei Auroras Mutter zurück («Das war schlimm!»). Der Wäscherei ist eine Reinigungsfirma angeschlossen, und Aurora putzt nun auch Ferienwohnungen. Die beiden leben aus Koffern in wechselnden Zimmern. Im Oktober ist die Saison zu Ende. Aurora sagt zu José: Wenn ich jetzt nach Portugal fahre, dann bleibe ich dort. Ich lasse Tania kein zweites Mal zurück. Das Projekt heisst nun: Wohnung suchen. Arbeit finden. Jugend – war das nicht überhaupt: Arbeit finden?

Anfang Mai 1989 bringt ein Kollege von José Tania im Flugzeug von Portugal nach Zürich. Tania ist jetzt ein Jahr und zwei Monate alt.

José findet Arbeit bei einer Gemüsefirma. Aurora ist den Vormittag mit Tania zusammen, dann bringt sie die Tochter zu einer Babysitterin und arbeitet in einem Privathaushalt. Arbeitszeit: 13 bis 18 Uhr. Um 18 Uhr holt José Tania bei der Babysitterin ab. Und Aurora geht zum Coop, wo sie zwei Stunden lang die Regale auffüllt. Bis 21.30 Uhr. 1992 findet José Arbeit bei der Rhätischen Bahn, wo er heute noch ist. Und Aurora kommt in einem Arzthaushalt unter. Sie putzt, kocht, wäscht, räumt auf, ist zuständig für alles, was zu einer guten Haushaltsführung gehört. Sie arbeitet hundert Prozent. Tania ist nun in der Scoulina von Pontresina, als erstes portugiesisches Kind. Acht Jahre nach Tania kommt Katia zur Welt. Mittlerweile hat der Sohn des Doktors die Praxis übernommen, und Katia und die Kinder des jungen Arztes und seiner Frau wachsen zusammen auf. Aurora braucht keinen Babysitter mehr.

Tania ist eine sehr gute Schülerin. Und doch bekommt sie nur eine Realschulempfehlung. Ihr Deutsch sei zu schlecht. Aber nach einem Jahr auf der Realschule wechselt sie auf die Sekundarschule, macht die Aufnahmeprüfung für die Academia in Samedan und besteht die Matura. Und mit zwanzig Jahren beginnt Tania ein Studium an der ETH Zürich, zunächst Pharmazie, dann wechselt sie zu Bewegungswissenschaften und Sport. Heute hat sie mit Kolleginnen eine eigene Firma in Zürich in der Europaallee. Sie ist mit einem Südtiroler verheiratet, den sie während des Studiums kennengelernt hat. Ihre Schwester Katia hat die Berufsmatura gemacht und dann an der ZHAW in Winterthur Betriebswirtschaft studiert. Sie wohnt mit einer Kollegin zusammen und arbeitet in einer Firma in Zürich. Die Familiensprache ist Portugiesisch; die Schwestern sprechen deutsch miteinander. Und wenn sie die Eltern in Pontresina besuchen, sprechen sie mit den Einheimischen rätoromanisch. Fliessend.

Aurora arbeitet immer noch im Haushalt der Arztfamilie. Und mit dem Arzt senior, der nun in einem Altersheim lebt, geht sie zweimal die Woche spazieren. Am Anfang, sagt Aurora, denkt man, man arbeitet hier für ein Auto, für ein Haus in Portugal. «Aber dann macht man Freunde.» Und den Kindern fällt die Schule leicht. Und dann bleibt man. Wo Heimat für sie ist? Ich muss zweimal fragen, denn sie versteht nicht, was ich da wissen will. Dann lacht sie laut auf: «Die Schweiz! Die Schweiz! Wir sind schon so lange hier!»

José sieht das nicht ganz so, gibt sie zu. Die Winter im Engadin sind ihm zu lang. Und in Zürich, in einer Grossstadt, möchte er nicht leben. Er braucht das Land, will Gemüse anbauen. Es gibt da die Ländereien seines Grossvaters. Noch drei Jahre sind es bis zu seiner Pensionierung. Die Töchter werden in der Schweiz bleiben. Von Pontresina bis Zürich sind es dreieinhalb Stunden, sagt Aurora, von Portugal bis Zürich sind es zweieinhalb. Sie sind ja immer gependelt. Zwischen Kontinenten, zwischen Ländern.

Aurora singt im katholischen Coro Português Engadina; zweimal im Monat gibt es in Pontresina eine portugiesische Messe. Im Oktober fährt der Chor nach Rom. Oft singen sie zusammen mit dem Chor von St. Moritz. «Wir singen auch für Protestanten.» Und sie ist im karitativen Frauenverein Amigas Solidarias da Engadina engagiert, der verschiedene Projekte unterstützt. Die Frauen backen und basteln für Märkte, kochen portugiesisch bei Dorffesten. «Wir helfen für die Ukraine, für krebskranke Kinder, für vieles.» Auch wenn die Schweiz das Zuhause ist, lockt am Horizont doch eine Idee. Aurora möchte noch einmal nach Mosambik, in die Ferien. Ihr Bruder Norberto hat Verwandte dort. José und die Töchter würden sie begleiten.

Ramona Clalüna, Sils Maria

Primarlehrerin, 26 Jahre

Ramona

Heimat ist, wo die Familie ist

Und gerade ist alles neu. Sie hat den Bachelor an der Pädagogischen Hochschule in Chur gemacht, ist in Sils Maria mit ihrem Freund zusammengezogen und wird jetzt in Silvaplana als Primarlehrerin beginnen. Sie ist verantwortlich für 15 Kinder einer Doppelklasse, erste und zweite. Und für die dritte und vierte unterrichtet sie noch Musik. Ob sie da nicht Angst bekomme? Sie lacht: Sie habe Respekt. Es sei das erste Mal, dass sie für die ganz Kleinen Schule gebe.

Ramona Clalüna kommt von einem Bauernhof. Beim Kreisel am Eingang nach Sils Maria hat ihr Vater Gusti fünfzig Milch- und Mutterkühe und führt gemeinsam mit ihrer Mutter Lurdes einen Biohofladen. Ramonas erste Erinnerungen gehen zurück zu den beiden älteren Schwestern Nadia und Amanda, mit denen sie spielte, da, wo es nach Heu und Tieren roch. Dass sie einmal Lehrerin werden würde, war nicht abzusehen. Zunächst absolvierte sie eine Lehre als Hochbauzeichnerin. Die Arbeit habe ihr schon gefallen, aber für immer war es nichts. Auf einmal zog es sie in die Schule. Schon als Kind habe sie gern geschrieben, gesungen, Theater gespielt. Also machte sie die Berufsmatura in Chur, einen Vorkurs in Schiers und studierte dann. Als Bachelorarbeit schrieb sie ein Kinderbuch. «Ich wollte etwas, was ich dann in der Schule auch brauchen kann.» Sie erzählt in diesem Buch von Krieg, Flucht und Freundschaft, denn ausser ihrer Engadiner Heimat hat sie Wurzeln in Portugal und Afrika.

Ramonas Mutter Lurdes, 55 Jahre, ist Portugiesin. Sie kommt aus einem Dorf im Norden des Landes, wo heute noch Ramonas Grosseltern wohnen, die man jedes Jahr besucht. Aber als Lurdes drei Jahre alt war, ist sie mit Vater, Mutter und dem kleinen Bruder nach Angola umgezogen. Der Vater, Schlosser, hatte seinen Militärdienst in der portugiesischen Kolonie absolviert. Und weil es ihm dort gefiel, überredete er seine Frau mit den Kindern zu einem Leben auf dem anderen Kontinent. Sieben Jahre blieb die Familie in Cela, einem angolanischen Dorf. Lurdes war ein lebhaftes Kind, wilder als ihr jüngerer Bruder, der für sie die Puppenkleider nähen musste, während sie mit Chicca Cowboy spielte. Chicca war ein zahmes Affenweibchen.

Schon als Kind sang Ramona in einem Chor. In der vierten Klasse hat sie begonnen, Harfe zu spielen. Heute ist sie Primarlehrerin und gibt Musikunterricht. Mit ihren Schwestern singt sie bei den Viva Girls.

Dieses Affenweibchen ist nun die Hauptfigur in Ramonas Kinderbuch «Inua es Chicca?» (Wo ist Chicca?) Ein portugiesischer Kollege, der Modedesigner Yanick Monteiro, hat es, voller Empathie mit den Figuren, ein wenig im Manga-Stil illustriert. Gerade sucht Ramona einen Verlag.

Vermutlich ist die Geschichte von Chicca und Lurdes das erste rätoromanische Buch, das in Afrika spielt. Ramona hat das Affenweibchen vermenschlicht. Chicca kann sprechen, lesen und schreiben. Aber die Geschichte bleibt autobiografisch an die Erzählungen der Mutter gebunden. Mit den gerösteten Ameisen, die wie Chips gegessen wurden, mit dem Bürgerkrieg, der Lurdes' Familie 1975 zur Flucht zwang. Am Küchentisch blättert Ramona langsam im einmal ausgedruckten Prototyp des Buchs: Auf einem Bild sieht man Eltern und Kinder in einem Auto, während draussen Erwachsene und Kinder mit Gewehren vorbeilaufen.

Chicca bleibt zurück, im Dschungel verschwunden. Aber das Affenweibchen sehnt sich so sehr nach seiner Menschenfamilie, dass es sich in das umkämpfte Dorf zurückwagt. Chicca findet einen Brief, den Lurdes' Grosseltern einmal aus Portugal nach Angola geschrieben haben. Nun hat Chicca die Adresse. Ein Briefwechsel entsteht. Schliesslich schicken die Grosseltern Geld für einen Flug. Chicca verkleidet sich als Menschenfrau und kann ein Flugzeug besteigen. Und bald sind alle in Portugal vereint. Ein Happy End. Weil es das für ein Kinderbuch braucht.

«Inua es Chicca?» hat zwei Textebenen. Immer wieder sind in der durchlaufenden Geschichte auf den linken Buchseiten grüne Umschläge eingeklebt, in denen die

Briefe stecken. Mit ihnen steigen Kinder wie «echt» in das Erzählte ein. Krieg, sagt Ramona, sei ein schwieriges Thema in der Primarschule. Sie aber wolle darüber sprechen. Vor Kurzem hat sie einer dritten Klasse in Celerina aus dem Buch vorgelesen. Es hat funktioniert. Die Kinder gingen mit, lachten. Wurden still. Begannen zu fragen.

So weit das Buch. Das Leben von Ramonas Mutter ging weiter. Zurück in Portugal, musste Lurdes gleich mitverdienen. «Sie war schon als Schulmädchen eine wichtige Arbeitskraft.» Später kam Lurdes in die Schweiz. Sie brauchte Geld für ein Medizinstudium. Im Fextal arbeitete sie als Serviertochter und lernte Gusti kennen, einen jungen Mann aus Sils, der hier die Pferdekutschen fuhr. Die beiden verliebten sich, heirateten. Lurdes, die ihre wilden Kinderjahre in Angola verbrachte, blieb im Engadin. Sie gebar in fünf Jahren drei Mädchen, Nadia (1990), Amanda (1991) und Ramona (1995). Half auf dem Hof, beim Heuen, später im Geschenkladen der Schwägerin. Und heute ist Lurdes leidenschaftliche Betreuerin ihrer Fussball-Töchter. «Das Mami ist unser grösster Fan. Und bei jedem Spiel dabei.» Sie feuert an, spricht gut zu, massiert. Tröstet. Heimat, sagt Ramona, ist, wo die Familie ist. Und Familie kann Verschiedenes sein.

Zuerst hatten Nadia und Amanda mit dem Fussball angefangen. Mit 14 Jahren kam Ramona dazu. Mittlerweile spielen die drei beim FC Celerina. Nadia als Stürmerin, Amanda im Mittelfeld oder wie Ramona in der Verteidigung. Warum Fussball? Ja, so ein Ball, das sei doch schon was Tolles. Da könne man eben mal so «ummatschüttala». «Das ist schnell gemacht.» Und ihr gefällt das Spiel, weil es ein Mannschaftsspiel ist. «Du leistest mit der Mannschaft.

Du leistest auch allein. Aber allein kommst du nicht weit.» Und das Zusammenspiel mit den Schwestern sei schön.

Schon als Kind hat Ramona im Chor gesungen, ab der vierten Klasse Harfe gelernt, und an der PH kam noch die Gitarre dazu. Heute singt sie mit ihren Schwestern im acht Frauen starken Chor Viva Girls. Am 1. August treten sie traditionell auf, in Tracht, mit *Lingua materna* oder *Il cumün in silenzi.* Sie können alle Romanisch. «Auch die Österreicherin, die dabei ist.» Auf Hochzeiten oder Geburtstagen stylen sie sich und singen Cohens *Hallelujah* oder *Pool Mashup.* Sie sei Sopran? Ramona nickt. Aber die Sängerinnen von Viva Girls seien vielfältig einsetzbar. «Wir können alle verschiedene Stimmen singen.»

Jedes gute Wir braucht starke Individuen. Die im Wir wachsen. Wie ihre Schwester Nadia ist Ramona bei der Feuerwehr aktiv. Hier arbeitet sie auf Augenhöhe mit den Männern. «Wir sind im Vergleich ziemlich viele Frauen, und wir versuchen, jungen Frauen Mut zu machen, zu uns zu kommen.» Sie war auch Gründungsmitglied der Giuventüna, einer Vereinigung von Jugendlichen ab 16 Jahren, die bis zur Hochzeit im Verein bleiben dürfen. Die Giuventüna von Sils hat heute über dreissig Mitglieder. «Aber wir haben keinen Ort nur für uns. In Celerina hat die Giuventüna eine Hütte, in Bever eine Bar.» Für die Touristen werde von der Gemeinde aus alles gemacht. Und vielleicht noch für die Kinder. Aber für die Jugendlichen nicht.

Ramona begleitet mich zum Postauto. Wir kommen beim Geschenkladen vorbei, in dem Lurdes arbeitet. «Magst du 's Mami sehen?» Wanderer blockieren den Eingang. Oder warten sie, bis sie nach den Corona Schutzmassnahmen hineindürfen? Wir drängeln uns vorbei. Lurdes, schmal und kleiner als ihre Tochter Ramona, lacht unter kleinen Locken. Und ein wenig sieht man noch das wilde Kind, das einst mit dem Affen Chicca im angolanischen Dorf Cowboy spielte.

Ramona und Lurdes sprechen italienisch miteinander. Italienisch ist ihre Familiensprache. «Das Mami wollte uns Portugiesisch beibringen. Aber da hat der Papi immer gefragt: Was sagst du da? Und das Mami hat schnell Italienisch gelernt. Das sprechen hier ja alle.» Als Ramona in die rätoromanische Schule kam, haben die Schwestern beschlossen, miteinander nur noch Puter zu sprechen. «Meine Muttersprache ist das Romanische. Nicht Italienisch. Italienisch kann ich nicht so gut schreiben.» Deutsch hat Ramona ab der vierten Klasse in der Primarschule und später in der Oberstufe in St. Moritz gelernt. «Das war noch schwierig!» Und in Portugal versteht sie alles und spricht genug, um sich verständlich machen zu können. «In Portugal bin ich noch nie am Meer gewesen oder in Lissabon. Wir fliegen bis Porto, und dann fahren wir mit der Metro und dann mit dem Bus ins Dorf, so zwei Stunden vielleicht. Im Haus meiner Grosseltern bin ich zu Hause. Aber auf der Strasse, in den Geschäften nicht. Ich bin keine Portugiesin.» Sie überlegt: «Die Pünktlichkeit, die Strukturiertheit, das habe ich von der Schweiz.»

Wie ihre Mutter hilft sie im Sommer ab und zu in der Landwirtschaft. Einmal fuhr sie den Traktor bis Eppenberg (SO), um einen Anhänger abzuholen. Oder sie ist mit dem Reform Muli beim Heuen dabei. Was heisst Engadiner Heimat neben der Familie? «Das Romanische. Die Seen.» Ob sie gerne schwimme? Sie schüttelt den Kopf.

Zu kalt. Aber morgens Standup-Paddling auf dem Silsersee! Ihr Lieblingsort sei die Halbinsel Chastè.

Der Bus kommt. Wir verabschieden uns. Ob sie Kinder möchte, frage ich nun doch. Das Ja kommt sofort. Wie viele? Die Antwort braucht eine Sekunde: zwei. «Aber jetzt noch nicht! Jetzt will ich erst einmal arbeiten. Ich will Lehrerin sein!»

Seraina Campell, Pontresina

Studentin, 25 Jahre

Ich wünsche mir Einheimische, die die Traditionen kennen, und Zugezogene, die Neues mitbringen

Vom Bahnhof Pontresina führt die Strasse hinauf zur alten Brücke Punt Ota, die den Berninabach überquert, und schon ist man auf dem Weg zur Via Maistra, der Hauptstrasse des Bergsteigerdorfs. Hier liegt, gegen Norden, die Chesa Campell, ein Engadiner Patrizierhaus mit Erker und Garten aus dem 18. Jahrhundert. Das Haus ist nicht nur architektonisch interessant, es ist ein Herzstück des Dorfes, mit Wohn- und Praxisräumen von legendären

Hausärzten. Sie waren Jäger, in der Bergrettung engagiert, medizinische Allrounder, Spezialisten bei der Versorgung von Knochenbrüchen und natürlich unbedingt sportlich. Manches Kind wurde auf einer Hütte geboren, und nicht wenige Kranke mussten mit Skiern auf einem Schlitten transportiert werden. Seraina, Tochter von Lüzza Campell, der die moderne Praxis heute mit seiner Frau Karin in der dritten Generation führt, hat ihre Maturaarbeit «Familiensache» über die medizinischen Pioniere Pontresinas geschrieben. Von sanften Luftkurärzten wurden sie zu anpackenden Notfallmedizinern. Seraina erzählt darin auch von ihrer Urgrossmutter Dora Campell, einer unerschrockenen Ärztin, die während des Zweiten Weltkriegs die Praxis ohne ihren Mann führte. Als Seraina 2015 ihre Arbeit schrieb, die heute im Wartezimmer als schönes Buch mit historischen Bildern ausliegt, war noch unentschieden, ob sie die Praxis ihrer Vorfahren in der vierten Generation übernehmen würde.

Wir sitzen in der Stüva und trinken Tee. Von den Wänden schauen Geweihe wie die Geister der Ahnen herab. Seraina zuckt mit den Schultern. Sie habe die Aufnahmeprüfung für das Medizinstudium nicht geschafft. Aber es sei kein Drama gewesen, dass sie sich für etwas anderes entscheiden musste. Auch für die Eltern nicht? Sie schüttelt den Kopf. Natürlich sei sie bildungsnah erzogen worden. Aufs Gymnasium zu gehen, das war keine Frage. Und selbstverständlich lernte sie Instrumente, Klarinette, Saxofon; sie machte die Matura mit Schwerpunkt Musik. Und war in der Dorfmusik. Aber die Eltern waren nicht blind ehrgeizig. Die Natur, das Familienleben zu viert, mit dem jüngeren Bruder Fadri, blieb immer wichtig: den Vater

Die Chesa Campell beherbergte eine Dynastie von Pontresiner Ärzten. Seraina hat ihre Maturaarbeit «Familiensache» über die medizinischen Pioniere im Bergsteigerdorf geschrieben. Wohin ihr eigener Weg geht, ist noch offen.

beim Jagen begleiten, in die Pilze gehen, Beeren sammeln, Wandern («das ging nicht immer ohne Meckern») und gemeinsame Reisen, oft nach Amerika. Im Winter war Seraina mit den Dorfkindern in der Skischule, während die Eltern in der Praxis arbeiteten. «Wir haben alles ausprobiert: Langlaufen, Snowboarden, Eislaufen, Hockey. Ich hatte eine freie und doch behütete Kindheit. Wir wussten, da ist die eine Hauptstrasse, da fahren die Autos hoch. Und wir lernten, wie wir die Strasse überqueren mussten. Und auf dem Schulweg waren wir unter uns. Oft gingen wir noch in den Wald.»

Heute studiert Seraina in Bern Geschichte und Geografie. Und sie ist Co-Präsidentin des Verbands der Schweizer Studierendenschaften (VSS). Das sei so etwas wie der Bauernverband, nur eben für Studentinnen und Studenten. Da gehe es um Stipendien, um die Wohnsituation, um psychische Probleme. Und der VSS leiste auch internationale Solidaritätsarbeit, gerade vor allem in der Ukraine, in Belarus, in Iran. Eigentlich möchte sie ihren Master im Winter 2023 abschliessen. Aber sie wisse nicht, ob sie das schaffe. Ihr politisches Engagement ist eben auch wichtig.

Seraina hat eine Bachelorarbeit zum Thema «Migration und Tourismusgeschichte» geschrieben. Am Beispiel des Albulatunnels beschäftigte sie sich mit der Integration fremder Bevölkerungsgruppen zu Beginn des 20. Jahrhunderts. Da waren auf einmal die Bahnarbeiter aus dem Süden. In 25 Baracken in Preda und Spinas lebten über tausend Italiener, zum Teil mit ihren Familien. Und als im Sommer 1903 die Rhätische Bahn auf der Albulastrecke ihre Fahrt aufnahm, erschienen schlagartig Touristenströme und änderten das Leben im Tal entscheidend. Das Engadin war jetzt nah. Brauchte man mit der Pferdekutsche zwölf Stunden, um von Thusis nach Samedan, Pontresina, Celerina, St. Moritz zu reisen, so waren es jetzt gut vier. Ferien im Engadin blieben zwar exklusiv, aber durch die Eisenbahn konnte nun eine gehobene Mittelschicht kommen. Feriengäste blieben fortan für einige Tage, nicht mehr für ganze Monate. Seraina zeigte, dass das Engadin in kurzer Zeit mit zwei Gruppen von Fremden zu tun hatte, den italienischen Bahnarbeitern und den nationalen und internationalen Touristen. Es waren die Engländer, die im Oberengadin den Wintersport erfanden und als Alpinisten das Gesicht der Berge veränderten. Ein Gebirgszug mit Gipfeln und Graten war nicht mehr nur erschreckend, sondern eine faszinierende Herausforderung. Und der fremde Blick wurde zum Teil des Eigenen. «Die *Engadiner Post»,* Seraina lehnt sich auf der Arvenbank zurück, «wurde damals auf Deutsch gedruckt; sie war auf Touristen ausgerichtet. Und Feriengäste begannen, Artikel in der Lokalzeitung zu schreiben.» Sie streicht ihre langen Haare zurück. Aber das Engadin habe ja selbst seine eigene Migrationsgeschichte. Aus wirtschaftlichen Gründen sind Engadiner ausgewandert. Und wenn sie in der Fremde, oft als Zuckerbäcker, Kaffeehausbetreiber, ihr Glück machten, kamen sie vielleicht zurück, wenn auch oft nur im Sommer. In Pontresina mischen sich Familien wie die Campells mit einheimischen Wurzeln, die über Jahrhunderte zurückgehen, mit Unterländern, Deutschen, Italienern und, seit den Achtzigerjahren, vor allem Portugiesen. «In meiner Kindheit kamen viele meiner Freunde aus portugiesischen Familien.» Seraina lächelt: «Und Ehen, in denen beide Partner aus dem Engadin stammen, sind ja selten!» Auch Karin, die Mutter von Seraina, ist Deutsche, und Dora Campell, ihre Urgrossmutter, kam aus der Gegend von Schaffhausen; sie hat in Zürich studiert. Aber diese Pontresiner Mischung gehe gut! Und das liege auch am Rätoromanischen.

Im Kindergarten und in der Primarschule wird in Pontresina Rätoromanisch gesprochen und unterrichtet. So können sich die vielen Kinder aus italienischen oder portugiesischen Familien leicht mit ihren Kollegen aus rätoromanischen oder deutschen Familien verständigen. Das Rätoromanische verbindet hier die verschiedenen Nationen.

Seraina lebt gerade einen Heimat-Spagat. Sie studiert in Bern, aber sie ist oft zu Hause. Sie ist in der Giuventüna von Pontresina engagiert. Man macht Ausflüge, organisiert Konzerte, zuletzt das Festival «Terratrembel» (Erdbeben), betreibt einen Stand auf dem sommerlichen Laret-Markt. Und regelmässig trifft sich Seraina mit ehemaligen Schulkollegen, auch wenn sie heute in verschiedenen Städten leben. Eine gemeinsame Kindheit, eine Jugend im Dorf hält zusammen.

Gerade sind Semesterferien und Seraina arbeitet als Skilehrerin. Heute hatte sie die ganz Kleinen. Manche sind noch kaum drei Jahre alt. «Da muss man schon ein Gefühl für Kinder haben. Und aus allem ein Spiel machen. Im Kinderland den Schnee entdecken, auf dem Laufband-Zauberteppich stehen, geradeaus fahren lernen. Bevor sie nicht bremsen und Kurven fahren können, kommen sie nicht auf die Piste!»

Ob sie einmal Lehrerin werden möchte? Seraina wiegt

den Kopf. Das wäre eine Möglichkeit, deshalb hat sie nach dem Bachelorabschluss, den sie in den Fächern Geschichte und Politikwissenschaft gemacht hat, für den Master auf Geschichte und Geografie gewechselt. Mit dieser Fächerkombination könnte sie an Gymnasien unterrichten. Oder sieht sie sich doch eher als Politikerin? Wieder geht ihr Kopf hin und her. Sie möchte sich nicht einer Partei unterordnen. Ihr sei die Verbandsarbeit näher, da könne man direkt sachbezogen handeln. Vor einem Jahr hat sie bei der Frauensession in Bern mitgearbeitet. Zwei Tage diskutierten Frauen im Bundeshaus in Kommissionen und formulierten Vorstösse. Es ging unter anderem um Fragen der Gleichstellung an Universitäten, um die Verteilung von Drittmitteln. Die Entwürfe wurden beim Parlament eingereicht und besprochen. «Einige unserer Petitionen sind tatsächlich durchgekommen.»

Seraina kann sich auch eine Arbeit in einem historisch-kulturellen Bereich vorstellen. Während des Studiums absolvierte sie ein Praktikum im Museum Engiadinais in St. Moritz. Und knüpfte damit an eine Leidenschaft ihres Ururgrossvaters Riet Campell an, durch dessen Einsatz dieses Museum gegründet werden konnte. Schon ihr Urgrossvater Rudolf, der spätere Arzt, hat in den Schulferien hier als Museumsführer gearbeitet.

Wünsche für ihr Dorf? Sie antwortet spontan: «Dass Pontresina ein Ort bleibt, an dem sich verschiedene Menschen wohlfühlen können. Einheimische, die die Traditionen kennen, und Zugezogene, die Neues mitbringen.» Sie selbst weiss sich dem Tal tief verbunden. Lieblingsorte hat sie viele: den Lej da Staz, ein nahe gelegener Moorsee auf 1800 Metern, der, anders als die Oberengadiner Seen, warm wird, oder auch die Sonnenterrasse auf dem Hügel hinter ihrem Haus. Und im Sommer wandert sie gerne zur Segantini-Hütte den Schafberg hinauf. Die Zukunft der jungen Engadinerin ist offen. Jahre im Ausland sind ebenso möglich wie eine Rückkehr ins Tal. Das eine muss das andere nicht ausschliessen.

Brigitte Barba, Scuol

Fremdsprachen-korrespondentin, ehemalige Pfarrfrau, 83 Jahre

Ich war ein Kuriosum aus der grossen Stadt

Der erste Eindruck: mädchenhaft. Pagenfrisur, grosse, wache Augen. Der zweite Eindruck: elegant. Silberne Ohrringe, schwarzer Pullover mit heller Weste, glitzernd. Ob ich Tee oder Kaffee möchte. Sie bittet ins Wohnzimmer. Auf dem Tisch steht ein Schälchen mit Kekskonfekt, winzige Törtchen, mandelfarben, zitronengelb, pistaziengrün. «Oh», sage ich. «Nur gekauft», sagt sie.

Während der Tee zieht, zeigt sie mir ein jüngst erschienenes Buch über den vor zwei Jahren verstorbenen Jacques Guidon, bildender Künstler, Theaterautor, Lyriker, Karikaturist, kritischer Kopf aus Zernez. Sie waren Freunde. Im rechten Winkel zum Fenster hängt ein grossformatiges Ölbild von ihm. Auch ihr Mann Francesco ist gestorben, vor drei Jahren. Jetzt lebt sie in der kleinen Vierzimmerwohnung allein. Aber alle Dinge atmen noch den Geist einer langen, hier zu zweit verbrachten Ehe. «Er hatte es schwer im Leben, ich wollte, dass er es am Ende gut hat.» Im Pflegeheim Chasa Puntota besuchte sie ihn jeden Tag.

1967 waren in einer Hamburger Kirche zwei Menschen getraut worden – die Braut 28, der Bräutigam 43 Jahre alt –, die bis dahin denkbar unterschiedlich gelebt hatten.

Kriegsfrühling 1939: Brigitte wird, nach einem Sohn, als zweites Kind eines Diplomingenieurs in Berlin geboren. Der Vater arbeitet für die UFA (Universum Film AG). Bald zieht die Familie nach Hamburg. Zu den frühen Erinnerungen des Kindes gehört das Bombardement der Stadt. Vom 24. Juli bis 3. August 1943 beschossen amerikanische und britische Luftstreitkräfte Hamburg. Etwa Vierzigtausend Menschen starben. «Wir hatten nur noch das, was wir mit den Händen tragen konnten.» Mutter und Kinder kommen bei Tante Paula, der Schwester des Vaters, in Thüringen unter. 1945 kehren sie in einem Güterwagen nach Hamburg zurück. Die Ehe der Eltern war mittlerweile geschieden worden; der Vater hatte eine andere Frau kennengelernt. Die Mutter bringt die Kinder nun als Stenotypistin durch. Brigitte und ihr Bruder sehen ihren Vater am Sonntag; gesprochen wird über die neue Situation nicht. «Die Scheidung hat mein Verhältnis zu Männern geprägt. Ich war vorsichtig.» Zusammen mit anderen Ausgebombten und Flüchtlingen findet die Mutter mit ihren beiden Kindern eine Untermiete. «Wir lebten zu dritt zehn Jahre zusammen in einem Zimmer. Denn Wohnungen gab es kaum, und nach dem Wiederaufbau wurden sie nach der Schwere des Verlusts vergeben. Flüchtlinge aus Ostpreussen waren früher dran.»

Mitte der Fünfzigerjahre kann die Familie eine Dreizimmerwohnung beziehen. Brigitte ist nun ein Teenager. Sie hat einen Freundinnenkreis, in dem sie sich wohlfühlt. Eigentlich möchte sie Modezeichnerin werden, aber man erklärt ihr, dies sei kein Beruf. Also Höhere Handelsschule. Ihr Lieblingsfach dort wird Spanisch, und der Weg zur Fremdsprachenkorrespondentin in einem Hamburger Import-Export-Unternehmen ist vorgezeichnet. Sie ist zwanzig Jahre alt, als ihr Chef ihr vorschlägt, nach Barcelona zu einer Zweigfirma zu gehen. Und sie ist glücklich. In Barcelona besucht sie Vorträge an der Universität, bildet sich weiter. Zwei Jahre später geht sie zurück, findet aber von der Import-Export-Firma den Weg zu einem Verlag, wo sie ihren Interessen für Sprachen nachgehen kann. Von der Korrektorin für Deutsch und Spanisch steigt sie auf zur Texterin. Und dann kommt eines Tages ein Brief von Tante Paula, die mittlerweile in Süddeutschland heimisch geworden ist. Dem Brief lag ein Zettel bei, und auf dem Zettel stand der eine Satz: «Liebe Brigitte, ich habe einen Mann für Dich.»

Zu dieser Zeit arbeitete Francesco Barba, geboren 1924 in Nocera Inferiore, unweit von Neapel, als evangelischer Pfarrer in der Bozener Diaspora und betreute seelsorgerisch auch Trient. Als Junge war er, der erstgeborene Sohn,

Brigitte liebt ihre Wohnung in Scuol oberhalb des Inn. Sie ist hell und voller Erinnerungen an die Zeit, als sie hier noch mit ihrem Mann lebte. Über dem Sofa in der Stüva hängt ein Bild von Jacques Guidon.

«primogenito», der Katholischen Kirche «geschenkt» worden und kam in ein Internat, wo er zum Priester ausgebildet wurde. Er litt, rebellierte. Und konvertierte. Und fand bei den Waldensern eine religiöse Heimat. Diese schon 1532 gegründete Reformbewegung brachte, noch vor Luther und Zwingli, neue Impulse in den Katholizismus und wurde später Teil der Evangelischen Kirche. Die Freundin einer Freundin der rührigen Tante Paula war in Bozen auf den protestantischen Pfarrer aus Süditalien aufmerksam geworden. Und weil ein protestantischer Pfarrer ohne eine Frau kein Pfarrer ist, wurden die Freundinnen nun aktiv.

«Ich weiss noch, wie ich mit Tante Paula am Bahnhof von Freudenstadt stand.» Der Zug fuhr ein; der italienische Pfarrer kam den Frauen auf dem Bahnsteig entgegen. «Ich fand, er sah ganz sympathisch aus.» Ein Kaffeetrinken, ein Spaziergang. Dann Korrespondenzen. «Es machte mir nichts aus, dass er älter war. Ja, vielleicht gefiel mir, dass er ein gesetzter Mann war, ein Pfarrer, mir schien das solide.» Ihr erstes Kind wird in Bozen geboren; sie nennen das Mädchen Beatrice, denn Francesco liebte Dante und kannte die *Göttliche Komödie* passagenweise auswendig.

Und wie kommen der Italiener aus Kampanien und die Deutsche aus Hamburg von Bozen ins Engadin?

Freunde erzählten, dass in der Schweiz, in den Gemeinden Zernez und Susch, schon lange ein Nachfolger für einen Pfarrer gesucht werde.

Francescos Muttersprache war Italienisch; er hatte Deutsch gelernt; Brigittes Muttersprache war Deutsch, sie sprach fliessend Spanisch, und mit dem Italienischen war sie bald zurechtgekommen. Aber nun begannen die beiden in einer rätoromanischen Region. Und der Pfarrer musste hier auf Vallader predigen. «Wir hatten unglaublich Glück», sie strahlt und schenkt Tee nach. «Nachdem mein Mann seine Probepredigt auf Italienisch gehalten hatte, sprach uns Jachen Curdin Arquint an, er war Lehrer an der Kantonsschule und hatte das rätoromanische Lehrbuch *Vierv ladin* geschrieben.» Einen Monat lang gingen Francesco und Brigitte jeden Abend nach Susch und bekamen eine Lektion in Vallader. «Es wurden auch Tonbänder mit Sprachaufnahmen hin- und hergeschickt. Wir hatten schnell ein gutes Fundament. Und bald predigte mein Mann auf Romanisch.»

Brigitte schiebt den Kinderwagen mit Beatrice durchs Dorf. Sie hat noch keine rechte Aufgabe. Sie ist die «duonna plavanessa», die Frau des Pfarrers. Mit «flatterndem Herzen» spricht sie Vallader und wird immer besser. Den Tirolerinnen, von denen damals viele in Zernez im Service arbeiteten, war diese Leidenschaft für das Rätoromanische eher fremd. Und die einheimischen Frauen wunderten sich. «Ich war ein Kuriosum aus der grossen Stadt. Und ich ging nie mit der Schürze einkaufen!» Ihr Sohn kommt zur Welt und erhält den in Hamburg beliebten Namen Christian. Doch immer mehr dringt sie ein in das Alltagsleben des Tals. Sie singt im gemischten Chor von Zernez und im Engadiner Kammerchor in St. Moritz. Engagiert sich bei den Grischunas, einem wohltätigen Frauenverein.

Sie hat begonnen, theologische Literatur zu lesen. Und in ihr, die nicht aus einer religiös geprägten Familie stammt, wächst an der Seite ihres Mannes zunehmend eine Beziehung zum christlichen Glauben. Sie interessiert sich für das Verhältnis, das Jesus zu Frauen hatte. Bald organisiert sie zusammen mit anderen Frauen aus den Gemeinden Zernez und Susch ökumenische Gottesdienste, bringt Elemente des spirituellen Tanzes ein. Sie wird in den Vorstand der Bündner Pfarrfrauen gewählt. Sie ist Mitinitiantin des Weltgebetstags der Frauen im Engadin. «Damals gab es im Engadin Flüchtlinge aus Sri Lanka und später die Flüchtlinge aus Ex-Jugoslawien. Sie lebten oft unter schlechten Verhältnissen, und wir haben uns um sie gekümmert. Zu manchen habe ich heute noch Kontakt.» Anfang der Neunzigerjahre hatte sie begonnen, ab und an im Romanischen Radio selbst Predigten zu halten. Brigitte spricht Vallader mit Hamburger Akzent, aber fehlerfrei und mit grossem Wortschatz. Für die *Engadiner Post* korrigierte sie die Texte in Vallader und in Puter. Immer wieder verfasste sie auch selbst Artikel auf Deutsch und Romanisch.

Nach der Pensionierung des Mannes mussten die beiden die Dienstwohnung verlassen, sie blieben noch sieben Jahre in Zernez und zogen dann nach Scuol, schliesslich in eine genossenschaftliche Wohnung. «Wer ein Auto hatte, bekam anfangs keine dieser Wohnungen!» Brigitte liebt ihre Vierzimmerwohnung, die viel Licht hat und von der aus sie hinauf nach Sent und hinunter zum Inn sieht. Ist das Engadin ihr Zuhause? Sie lächelt. Ja, das sei es schon, aber nicht ganz. «Ich bin am Wasser geboren», sagt sie. Sie liebe den flachen Horizont. Einmal im Jahr möchte sie ans Meer fahren. Aber wenn sie in der Höhe sei, vielleicht in Ftan oder auf der Motta Naluns, dann habe sie dort auch diese Weite, die sie manchmal vermisse.

Bis zu einem Herzinfarkt vor drei Jahren war sie in der Seniorenwandergruppe. Das könne sie heute nicht mehr.

Aber sie gehe schon laufen. Sie liebe die wechselnden Jahreszeiten. Atme in der Natur Energie. Finde Trost und Ruhe.

Regelmässig schauen ihre Tochter Beatrice, die in Scuol wohnt, mit den Enkeln Andrea und Emanuel vorbei, und auch ihr Sohn Christian kommt aus Stuttgart zu Besuch. «Ich kann die Uhr nach ihm stellen. Wenn er losfährt, ruft er an, und vier Stunden später ist er hier!» So lebt sie allein, aber sie ist nicht einsam.

In ihrer Wohnung hängen Fotografien von Francesco. Es war eine gute Ehe? Sie nickt: «Ich weiss auch, dass er mich gerngehabt hat. Aber er konnte es nicht so ausdrücken. Er war ein vereinsamtes Kind.»

Sie steht auf und geht ans Fenster. Und ganz unvermittelt sagt sie: Wenn sie jetzt die Bilder des Kriegs im Fernsehen sehe, dann komme alles zurück. Die Bomben, die Angst. Eigentlich habe sie immer mit dieser Angst gelebt. «Ich dachte, ich habe sie in Zernez verloren, aber jetzt kommt sie wieder. Es gibt doch Long Covid; mit dem Krieg ist es eben auch so.»

Dorli Negri, Chapella

*Skilehrerin, Feld-
ornithologin,
Exkursionsleiterin,
77 Jahre*

Wildtiere müssen wild bleiben

An einem Interviewtermin mit ihr habe ich ein Dreivierteljahr gearbeitet. Dorli Negri ist unterwegs. Und wenn sie doch in Chapella ist, ihrem Dorf mit hundert Einwohnern am Eingang des Val Susauna im Oberengadin, dann hat sie Turnen oder Klavierunterricht oder Singprobe für das Cor Proget Zernez. Oder ihr Sohn Riet mit Familie ist aus dem Berner Oberland gekommen, oder es gibt einen Wechsel in ihrer Ferienwohnung. Einmal hat sie mir für den Rest der Skisaison abgesagt, weil sie noch die eine oder andere Bergtour machen wolle. Jetzt sitzt sie am Arventisch mit der schwarzen Schieferplatte und trinkt ein Glas Wasser. Für mich hat sie einen Kaffee gemacht und ein Stück selbst gebackenen Karottenkuchen auf einen Teller gelegt. Ich frage sie nach ihrem Alter und schüttle den Kopf. Ich hätte sie zwanzig Jahre jünger geschätzt. Sie lacht, sie mache nicht viel: «Ich lasse die Natur arbeiten.»

Dorli Negri, geboren bei Kriegsende im Mai 1945, wuchs in S-chanf auf, wo ihr Vater Verwalter der Fliegerabwehrmilitäranlage «Flab» war. Und im Sommer diente dieses Areal der Caritas. Dann kamen dreihundert Kinder aus dem zerbombten Ruhrgebiet – Hagen, Dortmund, Wuppertal – für ein paar Wochen in die Ferien. Das war gut zum Deutschlernen. Die Mutter, eine Berufsköchin, sorgte für das Essen. Sie hatte in Hotels in Italien und Frankreich gekocht und dabei Italienisch und Französisch gelernt. Zu Hause wurde Romanisch gesprochen. Doch früh schickten die Eltern Dorli nach London, nach Paris auf Sprachschulen. Und Dorli lernte gerne. Zwischen den Schuljahren bis zum Sekundarabschluss bereitete sie sich auf die Skilehrerprüfung vor, die sie schon mit 19 ablegte. Eine Lehre als Telefonistin kam hinzu. «Damals gingen Telefonate ja immer übers Amt.» Diese Ausbildung öffnete ihr die Tür zu verschiedenen Firmen. Sie arbeitete an der Rezeption, im Büro. Drei Jahre lebte sie in Genf, eine Zeit lang im Hotel Intercontinental. Wo damals auch Sophia Loren wohnte. Und da sich Dorli Negri als Skilehrerin mit Sportpädagogik auskannte, wurde sie immer wieder gefragt, in Kindergärten auszuhelfen. Später setzte sie ihr pädagogisches Talent bei Kinderführungen im Schweizer Nationalpark ein.

Wenn sie freihatte, war sie auf dem Berg. «In der Jugend waren wir eine Clique von zwei Seilschaften.» Fast scheu erwähnt sie, dass sie auf dem Bernina war, auf dem Piz Palü, dem Morteratsch. Aber man fuhr auch nach Chamonix und erkletterte von dort aus die Berge.

Auf einer Sprachschule in London lernte sie eine Norwegerin kennen, die sie in ihre Heimat einlud. Und die Zeit der grossen Reisen begann. Norwegen, Schweden, Finnland, Island. Im Norden gab es ganz andere Vogelarten. Und Schlittenhunde. Dann Paris. «Montmartre, Quartier Latin, Mona Lisa», sagt sie, «die Loire-Schlösser.» Nordafrika, einmal Tunesien mit der Mutter. Später Ägypten, Äthiopien («Der Semien-Park mit den Bartgeiern! Vulkanisches Hochgebirge mit guter Thermik!»), Kenia, dann Südafrika. Sie besuchte den Kruger-Nationalpark in Swasiland. Asien. Singapur, Kuala Lumpur. Dorli Negri spricht schnell und klar. Aus jeder Ortsangabe sprudeln Geschichten. Sie hatte einen Notscheck von den Eltern dabei, damit sie immer wieder nach Hause käme. Aber im Grunde reiste sie ohne Geld. Kein Milieu war ihr zu fremd, keine Arbeit zu schlecht. Als sie nach Neuseeland ging, hatte sie neben dem Rucksack auch ihre Skier dabei. Sie hoffte, irgendwie im Sport arbeiten zu können. Der Aoraki/Mount Cook war bekannt fürs Bergsteigen. «Und ich dachte, das sei dort wie bei uns. Aber es gab nichts! Einen Flugplatz, ein Hotel, ein Bergsteigerbüro! Das war's.» Sie fragte im Bergsteigerbüro nach Arbeit. Auch im Hotel brauchten sie keine Hilfe. Schliesslich traf ein italienisches Paar ein, frisch verheiratet, das einen

Langlauflehrer suchte. Dorli war zehn Tage mit den beiden unterwegs. Da sie kaum Englisch konnten, sprach Dorli italienisch mit ihnen. Danach hatte sie wieder etwas Geld. Und es ging weiter.

Es war ein Sonntag, es hatte frisch geschneit. «Ich dachte, heute muss ich sofort raus, hoch in den Tiefschnee. Die Schneekristalle in Neuseeland sind viel grösser als bei uns. Das ergibt einen schönen, ganz weichen Pulverschnee!» Sie suchte unberührte Passagen. Auf einmal sah sie an einem Hang drei Personen. «Zwei, naja, machten schon so irgendwie Schwünge nach ihrer Art. Aber die dritte Person fiel immer hin. Und blieb liegen.» Sie fuhr hinüber. Zwei waren abgefahren, aber die dritte Person steckte im Schnee, die Skier gekreuzt. «Ja, warum fahren Sie denn in so einen Hang, wenn Sie es nicht können!», fragte sie den Mann. Der antwortete nur: «Jetzt bin ich eben hier.» – «Also gut», sagte sie, «ich bringe Sie da runter.» Sie half ihm auf die Beine. Und fuhr ihm dann langsam, langsam lange Bögen vor und brachte den Mann heil auf sicheres Gelände. Seine Kollegen warteten schon. Und luden die Retterin zum Essen ein. Es stellte sich heraus, dass die Männer Assistenzärzte in Dunedin waren. Dorli solle mitkommen; in ihrer Klinik werde es schon Arbeit geben. In Dunedin habe sie dann 14 Tage in der Hospitalküche Teller gewaschen.

Aber nun wurde auf einer Knabenschule eine Französischlehrerin gesucht. Und sie sei doch in Frankreich gewesen, sie solle sich bewerben. «Ich hatte keinerlei Zeugnisse. Dann stand ich vor einem Professor und habe einfach nur französisch gesprochen. Und der Mann stotterte dermassen herum! Ich hatte die Stelle in zehn Minuten.» Sie kommt mit den Jungen sehr gut zurecht. Das damals

Der Ornithologe Christian Hemmi hat Dorli Gefieder-Collagen geschenkt. Hier zeigt sie das Federbild eines Stieglitzes. Zusammen mit anderen Vogelkundigen hat die Feldornithologin Vögel auf der ganzen Welt beobachtet.

praktizierte System der Bestrafung mit Peitschenhieben lehnte sie ab. Wer bei ihr Unsinn machte, kam auf die Bank und musste zuschauen, während die anderen spielten. Das reichte. In den Schulferien durften die Knaben aus Dunedin nach Tahiti. Im Austausch kamen junge Tahitianerinnen. «Mit ganz langen schwarzen Haaren! Und sie konnten so schön singen.» Dorli Negri wollte ihnen Schnee zeigen. So fuhr sie mit ihnen nach Queenstown zu einer Skihütte. Und die Mädchen vom türkisfarbenen Meer staunten. Da machte Dorli dem Chef des Hotels den Vorschlag, dass die Mädchen einmal abends vor seinen Gästen singen könnten. Der Auftritt gelang. Und Dorli ging mit dem Hut herum. Dabei kam so viel Geld zusammen, dass man für die Tahitianerinnen Skiausrüstungen für einen Tag mieten konnte. Und so lernten sie mit Dorli die ersten vorsichtig gleitenden Schritte auf dem seltsamen Weiss. «Wenn sie am Boden lagen, sah man nur Haare und Schnee.» Und sie lacht auf und intoniert *Pokarekare Ana.*

Zurück im Engadin, trifft sie den sechs Jahre jüngeren Mario. Sie ist jetzt 28 Jahre alt. «Ja, ich kannte ihn schon vom Skiverein, aber vorher hatte ich keine Zeit.» Die beiden heiraten, bekommen ihren Sohn und leben sechs Jahre in Madulain, bevor sie in Chapella bauen. Eigentlich, sagt sie, sei das meiste in ihrem Haus noch so, wie sie es damals eingerichtet haben. Die schönen alten Arvenmöbel («leicht zu reinigen mit Wasser und Schmierseife»), die von Dorli gewebten Vorhänge und Kissen («Ich habe einen zehnschäftigen Webstuhl, selbst gebaut!»), der Wandschmuck mit den Engadiner Kreuzstichmustern. «Das ist schon viel Arbeit!»

Ihr Haus ist geprägt von grossen Glasscheiben. Davor

flattert es. Dorli hat eine Futterstation. Und es kommen: Kleiber und Buntspecht, Tannenmeise, Kohlmeise, Blaumeise, Haubenmeise, Alpenmeise, Buchfink und Bergfink, manchmal auch ein Zaunkönig oder ein Baumläufer. Und Amseln. «Mit der Erderwärmung hat sich viel verändert. Früher kamen im Winter keine Amseln.» Sie steht auf und gibt Hanfsamen, Sonnenblumenkerne nach und ein paar Rosinen. Sie hängt eine neue Futterkugel auf, aus Butter und fein gemahlenen Haselnüssen. Doch geschwind ist sie wieder im Zimmer. Sie möchte nicht, dass die Vögel zahm werden. «Wildtiere müssen wild bleiben.» Am Sonntag wird sie wieder dabei sein bei der halbjährlichen Wasservogelzählung an den Oberengadiner Seen. Dort gibt es Enten und Zwergtaucher, Haubentaucher und Blesshühner, ab und an einen Alpenstrandläufer oder auch einmal einen Schwan, als Irrgast, der vielleicht geblieben ist, weil das Wetter schlecht war. «Letztes Jahr habe ich noch eine Tafelente gesehen und diesen Sommer am Cavloc-See eine Bergente, das ist aber eine Meeresente. Ich war erstaunt. Und sie war mit Stockenten zusammen, lauter Erpel.»

Nach ihrer zweijährigen Ausbildung zur Feldornithologin hat sie sich mit einer Gruppe von Ornithologen zusammengetan, um jedes Jahr einmal in ein anderes Land zu fahren. Sie waren in der Algarve, in der Estremadura, an der englischen Norfolk-Küste, am Nordkap. Mit dem Vogelschutzverein Engadin, dessen Präsidentin sie einmal war, reiste sie nach Rumänien. Es war die Zeit der Ceauçescu-Diktatur. Sie sah das Elend der Bevölkerung. Daraufhin hat sie 16 Jahre lang Reisen mit Schweizern nach Rumänien organisiert: Bären beobachten in den Karpaten,

Vögel sehen im Donaudelta. Und damit Arbeit und Devisen in das Land gebracht. «Wir waren zwölf Teilnehmer. Ich sagte, wir brauchen hundert Franken Trinkgeld von jedem für die drei Wochen. Das waren 1200 Franken. Ich wollte einen Apéro für die Leute, die für mich gearbeitet haben, die uns im Hotelboot herumgefahren haben. Zum Dankesagen und dann Trinkgeld für alle. Für alle gleich viel. Auch für die, die man nicht sieht. Und eben nicht nur für das schöne Serviermädchen.» Sie nimmt einen Schluck Wasser und schaut zu den Vögeln. «Wenn ich zurückblicke auf mein Leben, würde ich es nicht anders machen.» Sie zögert. «Oder doch. Intensiver lernen während der Jugendzeit! Später ist es nicht mehr so einfach.»

Francatina Tgetgel-Klainguti, Samedan

Tierarztassistentin, Kauffrau, Betreuerin einer Behindertenwohngruppe, 63 Jahre

Wir hätten verwöhnt leben können

Auf der Bank des Panoramafensters blühen Orchideen in Rosa, Creme, Weiss, Lachs, Hellviolett. Dahinter die Gipfel der Berninagruppe. Davor zwei 18-jährige Katzen. Die dreifarbige ist Flora, der grauweisse Jerry. «Jerry ist dement», sagt Francatina. «Da habe ich ihm extra eine Leiter in die Küche gestellt, über die ich dauernd falle, damit er besser aus dem Fenster hinausfindet.» Sie bringt eine Engadiner Torte. Die weichere Schwester der Engadiner

Nusstorte, mit Florentinerdecke, feinem Mürbeteigboden gefüllt mit Mandelbuttercreme. Wir trinken Kaffee. An den Wänden der Sitzecke dicht an dicht Pferdebilder.

Geboren wurde Francatina Klainguti in der Villa Gredig in Pontresina. Das Jugendstilanwesen war die Sommerresidenz ihrer Grosseltern väterlicherseits, die in Genua lebten. Die Nona stammte aus dem Kronenhof. Die Grossmutter mütterlicherseits, die Noni, die früh den Mann verloren hatte, führte das Hotel Rosatsch. «Stark. Intelligent. Gerecht. Man arbeitete gern für sie. Eine alte Kaffeeköchin kam noch fast mit dem Rollator zum Dienst.»

In der Zwischensaison, wenn die Engadiner Hotels geschlossen waren, besuchte man die italienische Verwandtschaft in Genua, Rapallo, Portofino. Unter den Augen des Randulin-Grossvaters musste Francatina dann mit Büchern unter den Achseln essen, der guten Haltung wegen. Die Familie besass eine legendäre Pasticceria in Genua; der Nono war der Nachfahre eines Zuckerbäckers, der einst ein Gebäck für Verdi entworfen hatte. Francatina zieht einen Zeitungsausschnitt aus einem Stapel auf der Eckbank hervor. «Hier die Gran Bar Pasticceria Fratelli Klainguti; sie musste jetzt schliessen.»

Francatina war fünf, als ihre Eltern sich trennten. «Der Papi war eine Kerze, die an beiden Seiten brennt.» Immerhin war jetzt noch Franca da, ihre Gotte, die ledige Schwester des Vaters. Sie half und organisierte. Francatina wuchs mit Mutter, den Stiefgeschwistern Thomas und Margarita aus der ersten Ehe des Vaters und Schwester Annalea im Hotel Rosatsch bei ihrer Grossmutter auf. Mit Kindermädchen, dem Personal, den Gästen. «Da hat man kein Privatleben. Es war eine schwierige Kindheit.» Sie lacht.

Luxus ist nicht immer luxuriös. Und eine hochbezahlte Arbeit nicht unbedingt sinnvoll. Francatina hat es sich geleistet, nicht zu rechnen. Wenn sie auf ihr Leben zurückschaut, fragt sie sich, was die Zukunft für uns noch parat hat.

«Aber wir haben es uns doch schön gemacht!» Ich solle nicht glauben, dass die Noni oder die Mutter einmal in Ruhe zu Ende hätten essen können! Viele Engländer waren da, Holländer, die Prinzessinnen von Burma, Bundesräte. Da war ein Doktor, der die Meta-Brennwürfel erfunden hatte, und einer, der in Indien Eisenbahnlinien baute. Oder die Blaupunkt-Erbin. Mutter und Grossmutter sprachen am Tisch von der «Nymphomanin». Francatina kannte nur das Wort «Nymphensittich» und fragte sich, warum der schöne Maurizio, Chef de Service, abends in seinem Bett einen Papagei vorgefunden habe. Und deshalb die Grossmutter zu Hilfe holen musste.

Das Rosatsch hatte sieben Köche und einen Küchenchef. «Wir hätten verwöhnt leben können. Aber ich mochte am liebsten Hörnli mit Lyoner und Apfelmus.» Sie zögert. «Naja, zum Geburtstag dann schon Fondue bourguignonne.»

Mit sechs Jahren begann Francatina zu reiten. Auch ihre älteren Stiefgeschwister ritten. Besonders zu Thomas hatte sie ein enges Verhältnis. Nach Jahren in Zürich und London, wo er für das Auktionshaus Sotheby's gearbeitet hat, ist er nach Südafrika ausgewandert. Stiefschwester Margarita war schon dort. Sie sei sicher oft in Südafrika gewesen? «Kein einziges Mal!» Sie schüttelt den Kopf. «Ich mag das nicht, diese sozialen Unterschiede. Die Security. Zu Hause kann ich das Pferd satteln und losgehen. Aber dort müsste ich erst mal durch fünf bewachte Tore. Und dann die Not!» Sie könne das schlecht sehen, die Kinder auf den Abfallhalden, die Tiere.

Nach Scoulina und Grundschule in Pontresina und Samedan kam Francatina auf die weiterführende Schule in Avrona, damals eine Rudolf-Steiner-Schule. «Das war eine gute Schule, international. Auch der Sohn von Dimitri war dort.» Mit 14 besuchte sie die evangelische Mittelschule in Samedan. «Nach einem Jahr kam ich in die Secundara, ich habe das Gymnasium nicht geschafft.» Danach machte sie ein Schuljahr im französischsprachigen Lucens im Kanton Waadt. «Da hatte man alle Fächer, auch ‹Repassage›.» Wie? «Bügeln. Und es gab einen Garten mit Tieren. Ich hatte die vier Schweine zu versorgen. Pünktlich um 16.00 Uhr kamen sie zum Duschen.»

Die Mutter rät zu einer kaufmännischen Lehre. «Ich wusste, dass das nichts für mich ist, aber ich machte es dann.» Sie schliesst die Lehre ab. Aber einmal erkrankt einer der Hunde der Familie – «Bella, die die Mami vor dem Erschiessen gerettet hatte» – an Gebärmutterentzündung. Ein Vertretungsarzt operiert. Francatina assistiert. Und sie macht es so gut, dass der Arzt sie einlädt, zu ihm zu kommen und eine Lehre zu beginnen.

Francatina zieht mit ihrem Pferd nach Kloten. «Aber da konnte man schon depressiv werden, der dicke Nebel und diese öden Wälder.» Sie hat ein Zimmer über der Praxis, ist immer parat, arbeitet 14 bis 16 Stunden. Als sie ihren Mann Walter, einen Mechaniker beim Militärflughafen, kennenlernt, kündigt sie, um mehr Zeit für ihn zu haben. Nun zeigt sich, dass ein KV nützlich ist. Sie findet Arbeit in einem Fotogrosshandel, als der bankrott geht, kommt sie zu Flight Components, einer Firma, die Flugzeuge mit Höhenmetern oder künstlichen Horizonten ausstattet, auch für das Schweizer Flugzeugwerk Pilatus. In einem Hangar wurden private Jets gewartet und repariert. Francatina sprach mit Mechanikern, stellte Offerten für

Kunden zusammen. «Da waren Jets dabei: innen alles Gold und Marmor!» Ein legendärer Autorennfahrer wollte dann die Reparatur seines Vier-Millionen-Flugzeugs nicht bezahlen. «Da sagten wir, dann behalten wir es. Na, er hat dann schon bezahlt.»

Sie ist Mitte zwanzig, als sie nach zehn Jahren wieder ins Engadin kommt. Die Mutter ist an Krebs erkrankt. Die Grossmutter hat ein Haus in Samedan für alle gebaut. Francatina ist nun für die Mutter da. Chemotherapie, Erbrechen. Zwei Jahre lang. «Mami ist in meinen Armen erstickt. Es war am 2. Mai 1983.» Im Herbst heiraten Francatina und Walter; ihr erster Sohn Andreas ist unterwegs. Roman kommt drei Jahre später. Andreas ist als junger Mann nach Kanada ausgewandert und lebt heute mit seiner Frau in Schweden. Roman in S-chanf. Ihn sehen Francatina und Walter oft. «Meine Schwiegertochter ist aus dem Aargau, aber sie spricht perfekt Romanisch! Und mein Enkel Levi spricht Romanisch und Deutsch.»

1992 beginnt Francatina im Spital in Samedan in der Pflege. «Ich hatte Mühe, die Distanz zu halten. Da waren viele Patienten, die ich schon als Kind kannte. Viele sind bei mir gestorben. Da brauchst du Distanz, das kannst du nicht alles nach Hause nehmen.» Insgesamt hat sie 25 Jahre im Spital gearbeitet. Dazwischen gab es Interimsjahre in einer Tierarztpraxis. Vor 16 Jahren begann sie als Betreuerin bei Movimento in der Behindertenwohngruppe Chesa Dosch. Auch wenn sie zeitweise noch im Spital arbeitete, hat sie die Chesa Dosch nie aufgegeben. Francatina leistet es sich, nicht zu rechnen. «Es wäre für mich einfach gewesen, eine andere Arbeit zu finden. Leichter und besser bezahlt. Aber nicht befriedigender.»

Sie stellt die Kuchenteller aufeinander. Jerry versucht, zur Katzenluke hereinzukommen. Sie steht auf und hilft ihm. Pflege und Betreuung, das könne auch nicht jeder machen. Muss man dazu Menschen mögen? Sie wiegt den Kopf. «Man muss mit Intimität umgehen können und diesen schweren Schicksalen.» Sie arbeitet in der Balance, ihren Klienten Selbstbestimmung zu ermöglichen und der Notwendigkeit, sie zu schützen. «Manche würden mit kurzen Hosen und Sandalen in den Schnee raus. Sie können das schon machen, aber dann haben sie eine Lungenentzündung.»

Sie sieht, dass ich zu den vielen Pferdebildern schaue. «Alle im Himmel», sie atmet durch. Mit den Schwangerschaften hatte Francatina das Reiten aufgegeben. Aber als Andreas mit neun Jahren reiten wollte, hat sie wieder begonnen. Und mit ihrem Mann zusammen ein Brevet fürs Kutschenfahren gemacht. Sie hat auch Kurse für Manager gegeben, die lernen sollten, mit ihrer Körpersprache zu arbeiten. «Ein Pferd wiegt sechshundert bis achthundert Kilo. Es ist ein Fluchttier. Mich fasziniert, wenn ein Pferd schliesslich vertraut und ohne Gewalt folgt.» Ich sehe schwarze Pferde, braune, einen Schimmel, Einspänner, Vierspänner. Ich sehe eine lachende Francatina. Es gab Zeiten, da hatten Francatina und Walter zwölf Pferde im Stall. Fünf eigene und Ferienpferde oder Pensionäre. «Wenn du mit einem Pferd unterwegs bist, dann riecht das Wild das Pferd. Nicht dich. Ich habe Dinge gesehen, die sieht kein Jäger. Ich habe die Geburt eines Rehkitzes gesehen. Und einmal stand ein Hirsch ganz nah hinter mir.»

Als eine befreundete Schweizer Tierärztin und Züchterin in Ungarn ihre Araberhengste nicht mehr ernähren kann, organisiert Francatina die komplizierte Übersiedlung der 23 Tiere in die Schweiz. Sie vermittelt die Pferde. Und sie hat Daisy zu sich genommen. «Dieser Hund hatte Angst. Dieser Hund hatte Narben. Er wusste nicht, was ein Staubsauger ist. Daisy musste alles von Anfang an neu lernen.» Und während wir noch über Daisy sprechen, kommt Walter mit der Hündin herein. Sie waren drei Stunden im Schnee. Die Katzen erheben sich und beginnen um Daisys Beine zu schleichen. Daisy schnuppert am Katzenfell. Jerry wirkt munter und gar nicht dement. «Ich bin ja kein Tiermessie!» Francatina wischt mit der Hand über den Tisch. «Ich überlege schon. Ich kann nicht hundert Hunde retten.» Sie schaut mich an: «Aber einen schon.»

Ladina Cadonau, Madulain

Weberin auf dem zweiten Arbeitsmarkt, 57 Jahre

Ich bin wieder ich

Ladina lacht. Gross, das blonde Haar zusammengesteckt, steht sie da zwischen den Webstühlen im sonnendurchfluteten Raum der Movimento-Werkstatt in Samedan. Nein, sie ist nicht die Leiterin der Weberei. Sie ist «Klientin» und arbeitet hier in einem geschützten Rahmen. Sie führt mich zu ihrem Arbeitsplatz. Ich schaue in die filigrane Ordnung von eingespannten Fäden. Ladina webt an schmalen Tüchern aus Leinen. Das Einrichten des Webstuhls braucht anderthalb Tage. Sie schiebt das Schiffchen hin und her, betätigt dabei das Pedal. Sie sitzt auf einem besonderen Hocker. Da sie am linken Bein eine Unterschenkelprothese trägt, kann sie das Knie nicht ganz durchbiegen. Aber so geht es. «Weben ist auch eine Art von Meditation.» Sie liebe diese Arbeit, sie sei überglücklich hier. Ladina Cadonau ist in Samedan geboren und nach Jahren im Unterland, in Zürich und im Kanton Aargau, 2008 zurückgekommen. «Ich bin wieder ich», sagt sie. Aber dazwischen war sie eine andere.

Dabei begann alles gut. Die Mutter kam von einem Bauernhof aus dem Münstertal; der Vater war ein Senter Knecht, der sich in jugendlichem Überschwang zur Fremdenlegion gemeldet hatte. 1952 wurde er in Marseille eingeschifft, dann ging es nach Vietnam, in den ersten Indochinakrieg. «Nie wieder», sagte er, als er nach fünf Pflichtjahren zurückkam. In der Schweiz musste er wegen seines Söldnerdienstes zunächst eine Gefängnisstrafe abbüssen. 1960 haben sich die Eltern kennengelernt. 1961 kam Ladinas Bruder Carlo (heute Postautochauffeur in St. Moritz) zur Welt, 1966 Ladina. Der Vater arbeitete als Hauswart bei einer Bank in St. Moritz, aber er war bekannt für seine schönen Schnitzarbeiten: Teller, Truhen, Uhren. Und er konnte sticken. Decken und Kissen im Engadiner Kreuzstich. Er beherrschte die Plattstichstickerei. Man brachte ihm bunte Seidenfäden und die Drucke und dann bestickte er die Engadiner Tracht, die Mieder, die Vorstecker, die Schürzen, die Schultertücher, die Täschchen mit Rosen, Tulpen, Nelken, Granatäpfeln, Herz- und Blattmotiven. «Mein Vater war immer mein Vorbild.» Er sei sehr liebevoll gewesen. Und gelassen. Sie bewunderte seine Handfertigkeit. Die Mutter war vom katholischen Glauben zum reformierten konvertiert. Jeden Abend betete der Vater, aber man ging meist nur zu den hohen Festtagen in die Kirche. Auch Ladinas zwei Söhne, Kris und Andy, sind konfirmiert. Sie wollte, dass sie mit einem Glauben, einem Leitfaden aufwachsen. Ladinas Mutter sprach Jauer, der Vater Vallader. Als sie später ihren Kindern in Samedan bei den Hausaufgaben helfen wollte, musste sie sich ein Wörterbuch für Puter kaufen. Ladina denkt gerne an das Zusammensein mit ihren Kindern zurück: «Meine Kinder waren alles für mich.» Und an ihre eigene Kindheit. Jedes Jahr fuhr die Familie vom Engadin nach Alassio an die italienische Riviera. Das sei sehr schön gewesen. Ladina besuchte die Schule in St. Moritz. Mit 16 kam sie ein Jahr auf die Bäuerinnen- und Haushaltungsschule in Schiers. Danach machte sie, wieder in St. Moritz, eine Lehre als Sporttextilverkäuferin.

Sie ist dreissig, als sie im Kanton Aargau in einem Sanitärgeschäft arbeitet. Als Disponentin hat sie neue Regale bestellt. Da kommt also ein Handwerker und baut sie auf. Und sie erkennt ihren «Traummann». Der betreibt eine Firma für Innenausbau mit Schreinerei. Übers Jahr sind die beiden verheiratet, Kris wird geboren. Sie arbeitet mit in der Firma. Andy kommt zur Welt. Doch in der Ehe verändert sich der Mann. Er betrachtet sie als sein Eigentum, beherrscht sie, demütigt sie. Er verlässt sie immer wieder und kehrt zurück. Sie kann sich nicht von ihm lösen. Die beiden kaufen ein hundertjähriges Haus, das sie umbauen wollen. Und da geht er endgültig. Die Kinder sind vier und sechs Jahre alt. «Und als er mich so sitzen liess in dieser unbewohnbaren Ruine und ohne Geld, da stieg die Angst wie das Wasser. Ich wollte nichts mehr spüren. Da habe ich zu trinken begonnen.» Und das Schlimmste sei gewesen, als er weg war, hätten ihr noch seine Quälereien gefehlt. Er habe sie wahrgenommen. Etwas, was sie am Leben gehalten hatte, war vorbei. Nun war sie allein. Sie sei so blöd gewesen! Aber so etwas passiere ihr nicht mehr! Ob ihr Mann getrunken habe? Nein, sagt sie. Auch sie habe vorher nicht getrunken. Sie möge keinen Alkohol. Aber nun begann sie mit Hochprozentigem. Sie wollte sich betäuben.

Und ein ungeheurer Abstieg begann.

Der Mann bezahlt nicht für sie und nicht für die Kinder. Sie bekommt Unterstützung von der Gemeinde. Aber sie findet keine Wohnung. Sie gilt als riskanter Sozialfall; sie versucht es immer wieder, ohne Erfolg. Mit der Hilfe eines Sozialarbeiters erhält sie einen Platz für ihre Söhne in einer Pflegefamilie auf einem Bauernhof in Beinwil am See. Sie beginnt eine Therapie in einer Klinik, kommt danach für einen Monat in einem Kloster unter. Trinkt wieder. Kommt erneut in eine Klinik. Aber sie ist keine Akutpatientin. Und ein Therapieplatz ist nicht frei. Sie weiss nicht, wohin. Kurze Zeit lebt sie mit anderen Obdachlosen im Bahnhof Lenzburg. Sie schlafen in Zügen, waschen sich in der Bahnhofstoilette. Neben dem Bahnhof ist ein Burgerstand. Nicht alle, die einen Burger kaufen, essen ihn ganz auf. Ihr Bruder kommt und will sie ins Engadin zurückholen. Ich kann nicht ohne dich zurückkommen, sagt er. Aber sie weigert sich. Sie will nicht den Kanton verlassen, in dem ihre Kinder sind. Endlich nimmt die Klinik in Gontenschwil sie auf. Danach kann sie eine Weile bei einem Kollegen wohnen. Und sie findet eine Arbeit in

Sohn Andy hat für Ladina einen kleinen Sitzplatz vor ihrer Wohnung angelegt. Ladina wohnt gerne in Madulain, wo die Mieten nicht so hoch sind. Aber sie weiss nicht, wie lange sie mit ihrer Prothese die steile Aussentreppe noch schafft.

einem Gasthof in Leutwil. Sie putzt und darf dafür dort schlafen und essen. «Das war gut! Auch die Kinder durften mich am Wochenende besuchen und essen. Ich hatte einen super Chef.» Und er lieh ihr das Auto, wenn sie die Kinder wieder zur Pflegefamilie bringen musste. «Wir sind drei Musketiere», habe sie zu ihren Söhnen gesagt, «wir schaffen das.» Und wenn sie traurig war, sagte ihr Kleiner: «Mama, wir sind drei Musketiere.»

Mit 42 Jahren kehrt sie ins Engadin nach Samedan zurück. Ihre Eltern, vor allem die Mutter, helfen ihr mit den Kindern. Im darauffolgenden Jahr stirbt ihr Vater. Sie ist immer noch alkoholkrank. Sie kommt in die Klinik Waldhaus nach Chur, dann in die Klinik Beverin in Cazis. Dort sagt man ihr: Entweder hörst du auf, oder du bist in einem Jahr tot. Das will sie nicht. Sie hat doch die Kinder. Eine Weile lebt sie mit den Söhnen im begleiteten Wohnheim Girella in Bever, arbeitet beim Coop, danach in einer Metzgerei. Schliesslich findet sie in La Punt ein kleines Hotel, in dem sie arbeiten kann. Sie bezieht mit ihren Kindern eine Wohnung. Sie kann sieben Jahre bleiben. Von Geburt an hat sie eine Fehlstellung des linken Fusses. 2009 wurde er zum ersten Mal operiert, gerade gestellt, die Ferse neu moduliert. Doch einmal stolpert sie im Winter über einen Dohlendeckel und bricht den operierten Fuss mehrfach. Es folgen weitere Operationen. «Schrauben rein, Schrauben raus, Schrauben rein.» Dann wird ihr Fuss schwarz. 2019 bekommt sie eine Unterschenkelprothese. Aber sie habe gekämpft. «Ich bin im Rollstuhl in die Reha und ohne Krücken wieder raus.» Doch mit Prothese ist sie nicht mehr wendig und schnell genug für die Arbeit in einem Hotel. Die Wohnung in La Punt ist für die IV-Ergänzungsleistungen zu teuer. So zieht sie nach Madulain.

Ich begleite Ladina nach Hause. Zehn Minuten Zug, dann vom Bahnhof ein paar Schritte. Ihre Zweizimmerwohnung liegt zuunterst am Hang. Sie muss eine lange Aussentreppe hinabsteigen. Sie wisse nicht, wie lange sie das mit ihrer Prothese schaffe.

Seit anderthalb Jahren arbeitet sie in der Weberei des Movimento. Erst dreissig Prozent, dann achzig, jetzt hundert. Und wenn sie 65 ist, möchte sie weiterarbeiten. Sie liebe ihre Arbeit, und auch das Zusammensein mit geistig Beeinträchtigen gefalle ihr. Alle seien so freundlich zu ihr. Und mittags hole sie ein Bus ab, und sie fahren gemeinsam zum Essen in die Ufficina. Das Essen sei besser als in manchem Hotel!

Sie habe immer Angst gehabt, dass man ihr die Kinder wegnehme. Aber sie hatte durchwegs das Sorgerecht. Sie wollte es schaffen, und sie hat es geschafft. Beide Söhne haben eine Lehre abgeschlossen. Kris ist Strassenbauer geworden; im Winter arbeitet er auf Skihütten. Er lebt mit seiner Freundin in Samedan. Andy ist Maler und wohnt im Haus des Malergeschäfts in Silvaplana. Oft kommt er am Wochenende zu ihr, nimmt sie in seinem Auto mit nach Chur oder Livigno. Vor ihrer Wohnung am Hang hat er einige Platten gelegt und so einen kleinen Gartensitzplatz eingerichtet. Ob sie einen Freund habe? Sie schüttelt den Kopf. «Die Liebe macht mir Angst.» Aber sie unternimmt viel mit ihrer jüngeren Freundin Denise. Sie und deren Mutter «haben viele Ferienwohnungen». Das bedeutet, dass sie samstags viele Ferienwohnungen für Gäste parat machen. Ladina hilft. «Wir sind ‹Das Putzinstitut des frohen Herzens›.» Wie sie so dasitzt und mit der Katze spielt, lese ich die Glitzerschrift auf ihrem rosa T-Shirt. «Good things never come from comfort zones». Die Katze schnurrt. Ladina lacht.

Simone Lanfranchi, Strada

Sauna- und Bademeisterin, 41 Jahre

Mit 13 bekam ich meine erste Motorsäge

An der Kantonsstrasse 27 zwischen Scuol und Martina, gleich hinter Strada, liegt rechter Hand ein Haus, über dessen Fassade ein riesiger Regenbogen läuft. Das ist der Hof S-chadatsch. Vor der Haustüre stehen Fahrräder, ein Traktor und eine blaue Harley Davidson. Ein Hund bellt, ein schwarzer Kater verlässt die Türschwelle und begibt sich Richtung Stall, wo dreissig Kühe, ein Stier und dreissig Kälber auf frisches Heu warten. In der Küche gibt es Kaffee.

Simone Lanfranchi wirft die blonden Locken zurück und strahlt. Morgen geht es los. Eine Sechstagestour. Sie fährt mit ihrem Motorradklub in den Jura. Nein, das sei keine besonders anspruchsvolle Fahrt. Sie hätten auch schon 22 Pässe in drei Tagen gemacht.

Wenn Simone sich an ihren Mann Gian Reto wendet, der jetzt vom Sofa aufsteht, um nach dem Braunvieh mit den Hörnern und den Limousin-Kühen zu sehen, spricht sie Romanisch. Mit ihrem Sohn Jannes, Zimmermannlehrling, der an der Fritteuse steht und für seine Freundin Laura Pommes frites brutzelt, auch. Mit Laura, die aus Zürich kommt, spricht Simone schon mal Schwäbisch. Aber lieber sei ihr das Romanische. Romanisch ist ihre Herzenssprache und die Auenlandschaft des Inn, hier, der Hof in den Obstbaumwiesen, ihre Heimat.

1980 wurde Simone in Baden-Württemberg am Rand der Schwäbischen Alb geboren, in Nenningen, einem Ortsteil von Lauterstein. Das ist etwa 15 Kilometer von Göppingen entfernt und für Stuttgarter das Ende der Welt. Das würden Zürcher auch von Strada sagen.

«Wir waren die einzige protestantische Familie im Dorf.» Sie sei in den katholischen Kindergarten gegangen und regelmässig über das Klofenster entwischt, weil die Nonnen sie bekehren wollten. Ein Nesthäkchen. Ihre Schwester Bianca war sechs Jahre älter, Tanja neun Jahre. Früh hatte die Mutter den Vater verlassen. «Ich habe keine Erinnerung an meine Mutter, ich meine aus der Zeit, als ich ein Kind war. Später schon. Meine Oma war für mich da. Sie war alles für mich.» Eigentlich habe sie nichts vermisst. Wie solle man etwas vermissen, das man nicht kennt? Sie lächelt mit makellosen weissen Zähnen. Die Grossmutter habe sie geliebt, aber nicht erzogen. Sie wurde ein wildes Kind, in der Schule ein Lump.

Der Vater war Langholzfahrer, und wenn sie freihatte, sass sie bei ihm vorne im Lkw. Für ihn war sie der Kumpel an seiner Seite. So wurde sie gross mit dem Sound von Scania-Motoren. Samstags montierte sie mit dem Vater an den Maschinen herum. «Mit 13 bekam ich meine erste Motorsäge und habe einen Baum gefällt.»

Damals aber war sie schon eine erfolgreiche Delfin-Schwimmerin. Sie mochte Wasser, war als Kleinkind mit Hund, einem Neufundländer, und Schwimmflügelchen in den See gegangen oder beim Vater hinten auf dem Surfbrett gesessen. Im Schwimmkurs fiel sie auf, kam ins Kindertraining, ins Jugendtraining. Der Trainer wurde eine Vaterfigur.

Sie machte Abitur und war auf der Zielgeraden zum Hochleistungssport. Horizont: Weltmeisterschaft. Dann geschah es während der Ferien mit einer Freundin auf dem Reschensee. Sie zog das Surfbrettsegel hoch; ein Bandscheibenvorfall wurde diagnostiziert. Sie war 18. Sie bekam Kortisonspritzen, vielleicht zu viele. Ihr Leben änderte sich. Ein Bein war teilgelähmt, sie nahm zu. Der Trainer sah weg, wenn er sie sah. Letztlich konnte ihr eine homöopathische Ärztin helfen, und viele Jahre lebte sie rein vegetarisch. Während dieses schicksalhaften Sommers in Reschen aber hatte sie beim Surfen einen Einheimischen kennengelernt. Kurz vor Weihnachten heirateten die beiden. Simone gab ihre begonnene Schlosserlehre, Fachrichtung Maschinenbau und Systemtechnik, auf. (Sie hatte Gerichtsmedizin studieren wollen, aber für den Vater war ein Studium zu teuer.) Nun zog sie von der Schwäbischen Alb ins

Südtiroler Dorf Reschen. Sie begann, Ernährungswissenschaften an einer Fernuniversität zu studieren. Mit 19 wurde sie Mutter von Chiara, ein gutes Jahr später kam Jannes. Sie war Familienfrau, machte eine Ausbildung zur Wirbelsäulentherapeutin (nach Dorn und Breuss) und führte zwei Jahre eine Praxis am See. Die junge Ehe hielt nicht.

Ein Jahr nach der Trennung, es war am Geburtstag ihrer Grossmutter, lernte sie in Reschen einen Engadiner kennen. Sie war jetzt 26. Der Rätoromane Gian Reto, Anfang dreissig, geboren in Chaflur, einer Teilgemeinde von Tschlin, führte in Strada einen Bauernhof. Und wieder wagte sie einen radikalen Neuanfang. Vom Küchentisch aus zeigt Simone: «Hier stand das Stockbett für die beiden Grossen, daneben das Ehebett, da der Wickeltisch für Arwen, und dort, wo der Küchenblock ist, da war das Büro.» Als 2008 Malia, ihr jüngstes und zweites Kind mit Gian Reto, zur Welt kam, haben sie ausgebaut. Für Simone war klar, dass sie schnell Romanisch lernen musste. Also verbot sie ihren Schwiegereltern, mit ihr deutsch zu sprechen. Und versuchte, alle neuen romanischen Wörter gleich anzuwenden; sie begann mit Mischsätzen: «Wo ist die lat?» oder «Bring mir das pan». Und wenn ihr heute geschwind ein deutsches Wort fehlt, dann setzt sie ein romanisches ein. «Da gibt es eine Wiese auf 2200 Metern, da haben wir eine funtana», sagt sie, als ich sie nach ihrem Lieblingsplatz frage. Und Jannes schaut von den Pommes frites hoch und sagt: «Quelle.» Laura kaut lächelnd weiter.

Nach ihrem Umzug ins Engadin hat Simone am Plantahof in Landquart eine Ausbildung zur Landwirtin gemacht. Zehn Jahre lang führte sie mit Gian Reto einen

Zehn Jahre führte Simone mit ihrem Mann einen Arche-Hof.
In Fotoalben hält sie Erinnerungen fest an Engadinerschafe, Graue Bergziegen, Wollschweine, Hühner und Pfauen, Pferde und Esel.
Und an schöne Hoffeste im Herbst.

Arche-Hof, gefördert von ProSpecieRara. Sie lebten mit Engadinerschafen und den silbergrauen Capra Grigia, mit Wollschweinen und Rätischem Grauvieh. Appenzeller Barthühner pickten neben Schweizerhühnern, und Pfauen schlugen ihr blau-grünes Rad. Sie hatten Pferde und einen Esel. Die Oktoberhoffeste auf S-chadatsch waren legendär. Vielleicht haben die beiden mit dem Arche-Hof aufgehört, weil die Bestimmungen für die Haltung der unterschiedlichen Tierarten immer komplizierter wurden. Vielleicht waren zehn Jahre leidenschaftliche Arche-Arbeit auch genug. Und vielleicht spielte eine Rolle, dass Simone einen Traumjob bekam, der ihr wieder ein neues Fenster öffnete. Sie wurde Sauna- und Bademeisterin im Bogn Engiadina in Scuol.

Simone Lanfranchi hat verschiedenste Dinge gelernt. Sie fährt den Lkw bei der Feuerwehr und absolviert jedes Jahr einen Nothelferkurs; sie war Kinderskilehrerin und Fitnesstrainerin. Jetzt macht sie Duftaufgüsse und führt die Sauna wie einen Salon. Oder wie eine Stüva. «Ich bin gerne mit Leuten zusammen.» Sie kennt die Stammgäste, «nach manchen kannst du die Uhr stellen». Plaudert Romanisch, wo es geht, Schwäbisch, wenn es sein muss. Man erzählt ihr Lebensgeschichten. Und manchmal wundert sie sich, wenn sie auf der Strasse von fremden Menschen in Skianzügen angesprochen wird. Sie kennt sie ja eher weniger bekleidet.

Simones ältere Schwester Tanja ist als Jugendliche nach Florida ausgewandert, vor zwei Jahren hat sie Tanja das erste Mal besucht. In Strada fuhr Simone ihre Yamaha MT-07. Nun kaufte sie in Florida eine gebrauchte Harley Davidson Dyna Low Rider 1600 («Das war billiger als mieten») und fuhr mit Tanja Touren. «Es war Wahnsinn!» Einen Sturz auf dem Weg nach Key West übersteht sie mit Schrammen. Und nun darf sie das Broken-Wings-Abzeichen tragen, das diejenigen bekommen, die einen Unfall überlebt haben.

Zurück in Strada, kaufte Simone eine Harley Davidson Fat Boy 1900 fürs Engadin. Mit einem Kollegen aus Scuol gründete sie nach amerikanischem Vorbild einen Riding Club. Sie sind der Southern Cruisers Riding Club (SCRC) Grischun Chapter 333. Hier darf jeder mitfahren, egal, welches Motorrad er hat. Wie die amerikanische SCRC-Muttergesellschaft in Memphis möchte der Klub auch Charity-Veranstaltungen organisieren. Es gibt erste Kontakte mit der Buttega in Scuol, dem Ort für betreutes Wohnen und Arbeiten. Geplant sind Charity-Touren für die Buttega, aber auch Ausflüge mit den geistig oder körperlich beeinträchtigten Klienten. Sie wären dann «protected members».

Simone Lanfranchi ist First Officer ihres Chapters und Regional Officer für Europa. Harley Davidson, das sei «Lifestyle», eine besondere Art zu leben und zu erleben. Und mit Gemeinschaft hat es auch etwas zu tun. Unwillkürlich macht sie den tockernden Ton nach, «tockotockotocktock». Eine Harley ist etwas anderes, sie klingt nicht so giftig! Frei sein heisst für Simone auch, selbstverständlich nach anderen zu schauen. Sieht sie ein Motorrad an der Strasse liegen, hält sie an. Auch wenn sie dann hört, dass die Maschine dem Fahrer nur beim Abstellen ausgerutscht sei. Dann fährt sie eben weiter.

Träume? Einmal eine Harley Davidson ganz auseinander- und dann wieder zusammenbauen. Oder einen Willys.

Willys? Sie nickt, klickt in ihr Handy und zeigt einen graugrünen Jeep. Einen Militäroldtimer. «Machen wir», sagt Jannes und räumt die leeren Pommes-Teller ab. Arwen und Malia stürmen herein. Sie kommen von der Schule in Strada, haben selbst gemalte Bilder in der Hand, mit denen sie ganz heimlich tun. Muttertag steht an. «Mama, wie heissen deine Motorräder?» Sie notieren: Die Yamaha ist die Pitschna, die Harley in Amerika ist Thunder und die Engadiner Harley Davidson heisst einfach Monsterle.

Uorschlina Etter, San Niclà

Bäuerin, 70 Jahre

PENSION

Jede Jahreszeit ist anders. Ich freute mich schon immer auf die nächste

Uorschlina Etter war ein Einzelkind. «Aber ich wünschte mir eine grosse Familie, ich hatte Kinder verrückt gern.» Sie legt die Unterarme übereinander auf den Holztisch. Und wenn sie jetzt in ihrer Stüva im Spätsommerlicht die Namen von fünf Kindern und 14 Enkelkindern aufzählt, dann klingt das so: Von Anna Mengia, ihrer Ältesten, gibt es Dina, Tino und Andri (der Vater ist Portugiese und die Namen sollten für die ganze Verwandtschaft leicht auszusprechen sein); Antonetta, die Zweitälteste, ist die Mutter von Angelina und Martina; Sohn Martin ist Vater von sechs Kindern, und die haben Doppelnamen, also Niculin-Muriel, Claudio-Elia, Lea-Juliana, Rilana-Valeria, Vivien-Noemi und Mireille-Joline. Cristina, die Zweitjüngste, hat die Mädchen Seraina, Lara und Elisa. Und ihre Jüngste, Cilgia, hat noch Zeit. So oder so. Cilgia bringt Kaffee herein. Die Tasse steht auf einem kleinen Tablett, daneben Zuckertütchen und Rahmbecherchen. Die Stüva ist auch ein Café, und Cilgia, 32, hat das Café sper l'En am Inntal-Radweg vor drei Jahren übernommen. Mit allem, was dazugehört. Also drei Zimmer, sieben Betten und eine kleine Produktion von Nusstorten, Marmeladen, Sirup, eingelegtem Gemüse und Honig. Ja, und den Bauernhof gibt es dann auch noch.

Uorschlinas Mutter (geboren in Scuol) und ihr Vater (aus San Niclà) betrieben in San Niclà einen Hof mit Kühen, Schafen, Schweinen, Hühnern und Enten. Und zwanzig bis dreissig Bienenvölkern. Ein Hund sorgte für die Sicherheit, einige Katzen kümmerten sich um die Mäuse und Siebenschläfer. Das Pferd Perla half bei Feld- und Wiesenarbeiten, und im Winter zog es, vom Vater geführt, gefällte Baumstämme durch den Schnee aus dem Wald. Die Eltern bauten Kartoffeln an, Getreide und unterhielten einen Gemüsegarten; sie waren Selbstversorger. Als Uorschlina klein war, lebten noch acht andere Kinder in San Niclà. Im Moment, sagt sie, gibt es keine. Und damals arbeitete hier ein Schneider. Der war auf Jagdkleidung spezialisiert. Und sie hatte gerne zugesehen, wenn er die grünen Tuchballen auf den Tisch warf, zuschnitt und nähte. «Das hat mich fasziniert.» Zu ihm kamen die Männer aus

Tschlin, aus Ramosch, aus der ganzen Gegend. Ob sie auch hätte Schneiderin werden wollen? Sie schüttelt den Kopf: «Ich wollte Bäuerin sein. Und ich wollte nicht fort von San Niclà.»

Vor dem Fenster bewegen sich die Zweige eines alten Flieders und malen Muster auf den Tisch. «Wir hatten eine Magd, und die Grossmutter war noch da. Und im Sommer kam ein Bub dazu. Ich war noch sehr jung, da habe ich schon beim Kochen mitgeholfen. Plain in Pigna, Gnocchi, Kartoffelküchlein. Fleisch hatten wir eher selten.» Sonntags gab es Gerstensuppe und Knödel aus Mais und Kartoffeln und ein geräuchertes Stück Schinken oder Speck. Die Eltern schlachteten ein oder zwei Schweine im Jahr und hie und da eine Kuh. Aber nicht jedes Jahr. Das Fleisch hing im Kamin oder in der alten Küche, die als Räucherkammer diente. Die Mutter kochte auch grosse Mengen Gulasch oder machte Sülze und weckte die Speisen in Einlitergläser ein. Eine Kühltruhe gab es erst in den Sechzigerjahren. Ein Fernsehgerät Mitte der Siebziger.

Als Uorschlina nach der Primar- und der Sekundarschule mit 16 Jahren in die Zukunft sah, hätte die Mutter gerne gehabt, dass sie eine Lehre machte. «Aber ich wollte in San Niclà bleiben.» Sie belegte einige Kurse in der Chasa Fliana in Lavin. Man lernte dort Sticken für die Tracht; Uorschlina hat einen Riemen für eine Kuhglocke verziert.

Auch wenn Uorschlina nicht direkt lächelt, lächelt sie doch. Mit einem offenen Auge und einem zweiten, das anders ist. «Ich war vier Jahre alt, da hat der Vater auf dem Markt in Scuol ein Jungrind gekauft, ein Tier aus dem Puschlav, aus Le Prese.» Zu Hause wurde es mit den Kühen am Brunnen getränkt. Uorschlina sah zu. Aber das neue

Rind rannte direkt auf das Kind los und versuchte, es an die Wand zu drücken. Der Vater kam mit einem Stock gelaufen und konnte seine Kleine befreien. Doch ihr Auge war verletzt. «Wir sind mit dem Jeep nach Scuol gefahren. Dort wurde das Auge im Spital sauber gemacht und verbunden. Aber sie haben auch das gesunde Auge verbunden. Ich konnte nichts sehen. Dann sind wir weiter nach Filisur. Dort kam uns die Ambulanz aus Davos entgegen.» Als in Davos der Augenverband entfernt wurde, war niemand mehr da. Die Mutter hatte man vor dem Operationssaal abgewiesen. «Und auf einmal diese Helligkeit. All die fremden Leute. Und alle sprachen Deutsch. Ich verstand kein Wort. Ich wusste nicht, wo ich war.» Das Kind wurde dreimal operiert und blieb für einen Monat in der Klinik. Die damalige Pädagogik glaubte, es sei besser, wenn ein Kind nicht von den Eltern besucht werde, sonst weine es noch mehr. Die vierjährige Uorschlina bekam ein Glasauge.

«Ich weiss noch, als ich wieder nach Hause kam, da war die Stube voll. Alle waren sie gekommen, um mich zu begrüssen. Und ich bekam einen echten Kanarienvogel geschenkt.» Sie zögert. «Heute habe ich mehr Angst vor Ärzten als vor Kühen. Ich fange an zu schwitzen, wenn ich einen Arzt sehe.»

Uorschlina fühlte sich in der Schule akzeptiert, obwohl sie mit dem Glasauge ein besonderes Gesicht hatte. Und auch in der Liebe ging sie trotz des Glasauges ihren Weg. Sie war 21, als sie ihren Mann Jürg kennenlernte; Jürg war 19. «Aber wir haben uns schon vorher einmal gesehen.» Und jetzt errötet sie wie ein Mädchen. Es war in Tirol. Ein Fest. Sie hatte ein Los gezogen und eine Torte gewonnen.

Uorschlina hat ihre Stüva im Haus am Inntal-Radweg in Strada für Gäste geöffnet. Mittlerweile hat ihre Tochter Cilgia den Café-Betrieb übernommen und bietet Produkte nach alten Rezepten an. Aber die Mutter ist mit Rat und Tat dabei.

Und weil man so eine Torte schlecht transportieren kann, hat sie sie aufgeschnitten, jeder bekam etwas davon. Und als nur noch ein Stück übrig war, nämlich ihres, da stand er auf einmal da. Und sie gab ihm das letzte Tortenstück.

Später ein Waldfest in Sent. Er machte noch sein letztes Jahr am Plantahof in Landquart, dann die Rekrutenschule. 1975 heirateten die beiden und übernahmen den Hof von Uorschlinas Eltern hier in San Niclà, auf dem sie gross geworden war, mit den Tieren, den Wiesen, dem Bienenhaus, dem alten Baumbestand. «Wir haben eine Linde, wir nehmen die Blüten für den Tee. Sie ist wohl über hundert Jahre alt. Das ist selten im Engadin.»

Uorschlina Etter war gerne Bäuerin. «Jede Jahreszeit ist anders. Ich freute mich schon immer auf die nächste.» Im Frühjahr Wiesen putzen und Kartoffeln setzen, pflügen. Mit dem Frühsommer begann das Heuen und dauerte auf den Bergwiesen oberhalb von Tschlin bis in den September hinein. «Das war anstrengend. Bis man oben ist, ist man schon müde. Ich habe auch noch mit der Sense gemäht!»

Anfang Oktober beginnt die Kartoffelernte. Dann wird der Mist ausgebracht, auch noch auf dem Schnee. Die Tiere müssen im Stall versorgt werden. Im Herbst kommen die Geburten der Kälber. Und dazwischen waren ihre fünf Kinder. Also kochen, bei den Schulaufgaben helfen, nach den Kleidern schauen. Flicken. Leben war arbeiten, aber arbeiten war gut.

Und dann kam die Idee für ein Café-Restaurant. Am Abend nach dem Konfirmationsmahl der Erstgeborenen Anna Mengia, als manche noch in der Stüva beisammensassen, sagte der Lehrer auf einmal: Uorschlina, warum machst du hier drinnen nicht ein kleines Restaurant auf, mit Käse und Salsiz und Kuchen. Und Uorschlina dachte nach. «Ich habe gerne Kontakt mit Menschen. Da hört man, dass auch andere Probleme haben.» Die Küche wurde erneuert, Toiletten eingebaut, 1992 eröffnete sie das Café sper l'En. Und die Gäste bekamen zu essen, was auch die Familie ass. Velofahrer vom Inn-Radweg schauten spontan vorbei; viele wurden Stammgäste.

Mittlerweile sitzen Leta und Jachen aus Sent am Tisch. Sie sind gekommen, um Honig zu kaufen, und trinken noch einen Tee.

In der angrenzenden Küche backt Cilgia Nusstorten. Sie wallt Teig aus, gibt ihn in die bereitgestellten runden Backformen, dreht sich dabei immer wieder um und rührt in einer brodelnden Mischung aus karamellisiertem Zucker und Sahne. Damit sie nicht anbrennt. Die gelernte Köchin und Bäuerin arbeitet mit Schwung. «Aber ich habe viel Hilfe hier auf dem Hof; der Onkel und der Patenonkel sind dabei, und sonst viele Freunde und Verwandte. Alleine kannst du so etwas nicht machen. Und die Familie hält zusammen!»

Die Kinder von Anna Mengia aus Martina kommen zum Mittagessen, die von Antonetta aus Zürich sind jede Ferien da, auch die von Cristina aus Ilanz treffen sich mit ihren Cousins und Cousinen in San Niclà, und Martin mit seiner Familie lebt in Strada, also in der Nachbarschaft. «Die Nichten und Neffen haben ein sehr enges Verhältnis.»

Und wie ihre Mutter Uorschlina möchte Cilgia in San Niclà bleiben. «Es gibt eine besondere Ruhe hier, einen Frieden.» Cilgia hat das Sortiment ihrer Mutter erweitert und beliefert mit ihren Produkten den Dorfladen in Strada, ein Café in Ardez, ein Hotel in Tschlin und verschiedene private Kunden, die sie anrufen und um Nusstorten bitten oder möchten, dass sie einen Apéro ausrichtet für eine Hochzeit oder ein Jahresfest. Wie ihre Mutter ist Cilgia auch in der Kulturinitiative San Niclà engagiert. In der ehemaligen Kirche – sie geht auf das Ende des 11. Jahrhunderts zurück – finden Konzerte, Vorträge, Theateraufführungen statt.

Nicht weggehen? Also auch keine Ferien machen? Ja schon, sagt Cilgia, sie war in Holland und auch in Portugal. Auch Uorschlina und Jürg hätten mehrfach die Verwandtschaft in Portugal besucht. Und dann lacht sie und rührt mit dem Holzlöffel: «In der Zeit vor dem 15. Juli, bevor man anfangen kann, die Bergwiesen zu mähen, oder Anfang September, wenn die Kühe noch auf der Alp sind, da gehen die Eltern gerne ein paar Tage an den Bodensee. Aber manchmal setzen sie sich einfach ins Auto und fahren los, und irgendwann sagen sie, ah, in dieser Richtung waren wir noch nie. Lass uns einmal schauen, wohin man da kommt.»

Franziska Barta, Bever

Ärztin, 51 Jahre

Die Engadiner sind hart im Nehmen

Sie sitzt auf dem Sofa in ihrer Bündner Stube, die Beine angezogen, und schaut gegen das Fenster, hinter dem es zu schneien begonnen hat. Ihre frühesten Erinnerungen gehen zurück in das Ostberlin der DDR, Prenzlauer Berg. Sie wohnte mit ihrer Mutter in einem Mietshaus aus dem 19. Jahrhundert. Erster Hinterhof. Toilette auf dem Zwischengeschoss. Aber im Hof immer Kinder und sie unter ihnen. Mit vier Jahren dann der Umzug in eine «Altneubauwohnung» aus den Dreissigerjahren; wieder Hinterhof, nun aber ein eigenes Bad. Sie erinnert sich an einen langen Flur, in dem sie Rollschuh lief. Und im Knick dieses Flurs war ein Fenster, und unter diesem Fenster stand das Bett der Mutter, in dem sie las. «Das war ihr Reich, aber da hatte sie eben auch alles im Blick.»

Franziska war gerade in den Kindergarten gekommen, da zeigten sich strenge Damen, die den Kleinen beim Turnen zusahen. Und unversehens fand sich das Mädchen wieder in einer Riege der Eiskunstläuferinnen. «Meine Mutter hatte keine Ahnung, was das bedeutet: Leistungssport.» Das Kind begriff es schnell. Drei- bis viermal Training unter der Woche und am Samstag auch. Gymnastik, Konditionstraining, Ballett. «Im Ballett war ich nicht so gut. Die Trainerin hat sich immer auf meine Beine gesetzt und mich dann an der Schulter herunter in den Spagat gedrückt. Bis die Tränen kamen. Das gehörte dazu. Man lernte, den Schmerz zu verdrängen. Hinfallen, aufstehen, weiterlaufen. Aber ich traute mir die Doppelsprünge nicht zu.» Die Mutter nahm sie aus dem Training. «Da war meine Kindergartenzeit aber schon fast vorbei.» Früh fühlte sich Franziska weniger als das Kind ihrer Mutter denn als deren Partnerin, Gesellschafterin. Die Mutter liebte es, Schach zu spielen. Franziska verlor und wollte besser werden; so meldete die Mutter sie bei einem Schachklub an. Als einziges Mädchen. «Man ging durch eine Kneipe, an Tischen spielten Männer. Ihre Tische hatten Klappvorrichtungen für die Bierflasche. Hinter der Bar begann der Flur, dann kamen zwei Räume für die Jungen. Es gab ein ‹Demonstrationsbrett› an der Wand, mit magnetischen Steinen, vorne als Relieffiguren, hinten flach.»

In kürzester Zeit spielte Franziska besser als die Mutter. Sie wurde nun auch bei Turnieren eingesetzt. Einmal erschien zu einer Berlinmeisterschaft ein Vater mit zwei Schach spielenden Töchtern. Die Mutter hatte die Idee, und dann brauchte es nicht viel, um eine Mannschaft mit sechs Mädchen zusammenzubringen. Zweimal Training die Woche, Samstag und Sonntag Wettkämpfe. Die Mädchen gewannen nicht nur regelmässig die Berliner Meisterschaft, sondern auch dreimal die DDR-Meisterschaft. Und spielten um den DDR-Pionier-Pokal. Neben der Mutterwelt hatte sich die Welt der Schachmädchen geöffnet. Ein Leben in Zügen begann. Reisen durch ein DDR-Niemandsland, die Schornsteine von Bitterfeld. «Ich kann mich an keine Stadt erinnern, nur an dunkle Strassen. Wir kamen ja direkt ans Schachbrett. Billige Kneipen, lumpige Unterkünfte. Dann wieder Bahnhofshallen, im Winter fielen die Züge aus und in den Abteilen waren die Fenster innen voller Eisblumen.»

Auf Franziskas Fragen nach ihrem Vater hatte die Mutter bislang geschwiegen. Als sie 13 Jahre alt war, gab ihr die Mutter das Telefonbuch in die Hand und sagte seinen Namen. «Ich fand ihn gleich. Ich ging in eine Telefonzelle. Alle hatten ja ein Telefonbuch, aber die wenigsten ein Telefon. Ich wählte die Nummer. Ich sagte: Hier ist Franziska, deine Tochter. Ich möchte dich kennenlernen.» Woran sich Franziska vor allem erinnert, ist das erschrockene Schweigen am anderen Ende der Leitung. «Dann haben wir uns getroffen, an der Weltzeituhr am Alexanderplatz.» Sie stand vor einem Mann mit blauen Augen, der ihrem Blick standhielt. «Toll, dachte ich. Für so einen Vater muss man sich nicht schämen.» Aber hier begänne eine andere Geschichte. Franziska erzählt sie in ihren «Kinderbildern». Das sind 35 Miniaturen mit Schlüsselszenen aus frühen Jahren, die sie festhaltend verstehen will. «Ich habe fast alle geschrieben. Jetzt suche ich einen Verlag.»

Als Franziskas bulgarischer Grossvater starb, der beim Bau der Mauer nach Hannover geflohen war, beantragte die Mutter, zur Beerdigung ihres Vaters gehen zu dürfen. Franziska kam zum ersten Mal in den Westen. «Alles hat anders gerochen, so fein, überall waren Plakate und keine Schornsteine. Und selbst die Felder waren anders, plötzlich gab es kleine, bunte Äcker. Statt Monokulturen.» Und obwohl die Verwandten sagten: Bleibt doch, fuhren sie zurück. In Ostberlin arbeitete die Mutter als Ingenieurin für sozialistische Nahrungsgüterwirtschaft, sie war Mitglied im Bewegungschor der Staatsoper. Sie hatte Freunde.

Und sie hatte eine verführerische Reiseerlaubnis. Dem Beamten, der den Bewilligungszeitraum für die Beerdigung ausgestellt hatte, war ein Fehler unterlaufen: Statt 9.7. hatte er 7.9. auf das Blatt gestempelt. Als die Mutter eines Tages fragte: «Franziska, sollen wir nicht doch rüber?», begann die 14-Jährige zu weinen. «Es waren Tränen der Überforderung.» Die Mutter beantragte eine zweite Reise nach Hannover. Diesmal aber plante sie die Flucht. In ihrem Koffer versteckte sie die Arbeitsdokumente, Zeugnisse. Bei der Grenzkontrolle hätte die fingierte Fahrt als Republikflucht sofort auffliegen können: Gefängnis für die Mutter, Kinderheim für die Tochter. In der Ausreisehalle am Bahnhof Friedrichstrasse, dem «Tränenpalast», drängelten sich Rentner. Rentner durften leichter reisen. Sie waren ein Kostenfaktor für die DDR. Die diensthа-

In ihrer Freizeit sammelt Franziska im Engadin Blüten und Blätter. Sie werden getrocknet und dann nach Wirkstoffen zusammengestellt. So entwickelt sie ihre Teekompositionen, die heilen, stärken, beruhigen oder anregen.

bende Beamtin aber arbeitete mit gründlicher Wut; sie röntgte noch jedes Etui mit Taschentüchern. Als die Mutter an der Reihe war und sah, wie die Finger der Frau in ihren Koffer fuhren, sagte sie: «Diese alten Leute haben überhaupt keine Achtung vor Ihrer wichtigen Aufgabe!» Worauf die Beamtin hochsah, der Mutter direkt in die Augen, und sagte: «Ja.» Dann klappte sie den Koffer zu und wünschte eine gute Reise. Die Tür öffnete sich mit einem unvergessenen Surren. Sie gingen durch kalte Gänge mit abblätternder Werbung, toten Bahngleisen entlang. Endlich das Gleis mit der S-Bahn nach Westen. «Der Zug stand noch lange. Meine Mutter zitterte; sie roch so anders. Sie glaubte es nicht.»

Im Westberliner Gymnasium musste Franziska zwei Jahre Englisch und zwei Jahre Französisch nachholen. Sie hatte vier Jahre Russisch gelernt. Nachhilfe in einer Privatschule in Charlottenburg. Sie schaffte es, ohne die Klasse zu wiederholen. Medizinstudium an der FU. Nach der Öffnung der Mauer gab es zu viele Ärzte in Westberlin. Mit viel Glück erhielt sie eine erste Assistenzstelle in einer von Dominikanerinnen geführten Klinik. Freunde erzählten von Liechtenstein. Franziska begann im Spital von Vaduz, es folgten zwei Jahre in der Klinik Hirslanden, Zürich, Notfall und Intensivstation, danach zwei Jahre Kantonsspital Chur. Mit 36 Jahren eröffnet sie in Buchs ihre erste Praxis. In der Freizeit nehmen Freundinnen sie mit ins Engadin. Das Tal wird zu ihrer Traum-Landschaft. Wenn sie in Davos auf einer Fortbildung ist, beneidet sie die Ärzte, die aus dem Engadin kommen. Zufällig erfährt sie von einer Pharmavertreterin, dass in Zuoz eine Praxis zu übernehmen sei. Und sie wagt es.

Franziska lebt seit 2012 im Engadin. Vor einem halben Jahr ist sie mit ihrer Partnerin Karin und Hund Cibor nach Bever in ein altes Patrizierhaus gezogen. Je nach Saison kann ihr Arbeitstag gut 13 Stunden dauern. Aber sie liebt, was sie tut. «Ich war Amtsärztin in Buchs, ich habe so viele Leichen gesehen; ich war Migrationsärztin, zuständig für all die ausgebrannten Frauen, die mit fünfzig Jahren ihre IV bekommen wollten. Die Engadiner sind anders, hart im Nehmen. Und dann sagen sie: Ach, da muss ich nicht zum Hautarzt, das kannst du mir rausschneiden.» Man vertraut ihr. Sie spricht deutsch mit ihren Patienten, ein wenig Italienisch, und «mit Mut» etwas Romanisch, diese Sehnsuchtssprache, die sie besser lernen möchte.

Seit Franziska Barta im Engadin lebt, fotografiert sie. «Ich habe das nie ‹ernsthaft› betrieben, es ist zu mir gekommen.» Ihre Praxis in Zuoz ist auch Galerie. Nach Ausstellungen über Istanbul und Bird Island wird sie im Sommer ihre Engadinbilder zeigen. Gerade kann man Aufnahmen aus dem tibetisch-buddhistischen Ladakh sehen. Bei der Rezeption empfangen die Weiten des Himalaya, im Wartezimmer Porträts von Ladakhis; beim Röntgen spielen junge Mönche Fussball, auf der Toilette grüssen Kaschmirziege und der Ladakhische Pfeifhase. Im Sprechzimmer dann Bilder aus einem Nonnenkloster. Franziska Barta ist Buddhistin, ihr ganzes Frauenleben lang. Das Engadin empfindet sie als ein Tal der Entschleunigung, der Stille, der besonderen Natur. Aber auch als Füllhorn kulturellen Lebens. Sie liebt seine Kirchen, diese Stätten der Begegnung, in denen Laienchöre singen und internationale Musiker auftreten. «Und die Glocken!», sagt sie, während

Karin hereinkommt und zum Abendessen ruft, Cibor ihr um die Beine wedelnd. «Manchmal mache ich die Fenster auf, um die Glocken zu hören, diesen so vollen, so hellen Klang am Fuss der Berge.»

Ursula Hofer, Chamonna Lischana und Zuoz

Hüttenwartin, 62 Jahre

Röbi und ich sassen in Italien auf der Vertain-Spitze, als der Anruf kam

Oberhalb von Scuol, bei den Pferdeweiden des Guts San Jon (hier hält das Postauto), beginnt ein Wanderweg durch Wälder hinauf, überquert mit einer Holzbrücke einen Gletscherbach, schlängelt sich weiter der Baumgrenze entgegen, führt über das Gelände Tanter Auas, wo zwei Schmelzwasser zusammenkommen, mäandert bald durch Blumenwiesen – Vergissmeinnicht, Alpenrosen, Knabenkraut, Preiselbeeren, Hahnenfuss – und weiter, himmelwärts, bis endlich, nach vielleicht zweieinhalb Stunden, ganz oben auf einem Bergrücken die Chamonna Lischana erscheint. Jetzt sind es nur noch wenige Minuten, bis der Weg ein Geröllfeld quert und dann über einige Felsenstufen hinauf zur SAC-Hütte auf 2500 Meter Höhe führt. Hund Jayjay (schwarz und wollig wie JJ3, der Bär) liegt schon auf der Terrassenbrüstung und schaut, wer noch kommt.

Ein junger Vater kniet mit seinem Sohn auf den Steinplatten, in ein Murmelspiel versunken. Eine Familie, die Kinder vielleicht vier und sechs, bringt ihre Sachen ins Schlaflager. Eine Wandergruppe legt nasse Shirts zum Trocknen aus. Die Einlagesohlen ihrer Schuhe schauen aus dem Leder wie Hasenohren. Ein älteres Ehepaar trinkt seinen Kaffee in der Sonne. Es gibt selbst gemachten Schokoladenkuchen. Ursula Hofer kommt durch die Küche, wischt sich die Hände ab. Wir setzen uns mit dem Rücken zur sonnenwarmen Hauswand auf eine Bank.

Die 62-Jährige führt den siebten Sommer die Lischana-Hütte. Geboren ist sie in Innsbruck am Nordrand der Stadt, damals noch ein ländlicher Hügel, heute überbaut. Wenn man sie als Kind fragte, was sie einmal werden wolle, sagte sie: Bergbäuerin. Oder Hüttenwartin. Es kam anders. Ursula war eine gute Schülerin. Sie machte Matura auf der, wie es damals hiess, «Höheren Bundeslehranstalt für wirtschaftliche Frauenberufe». Hier wurde Haushaltsführung unterrichtet, aber auch Psychologie, Philosophie, Volkswirtschaft und Sprachen. Und am Ende hatte Ursula zudem einen Abschluss als Köchin. Ihre Hüttengäste schmecken das. Nicht nur ihre Speck- und Spinatknödel sind legendär. Bei aller Liebe zum Praktischen –

«Ich habe schon mit sieben Jahren einen Apfelstrudel gebacken» – war der Berufswunsch der jungen Frau nun Journalistin. In Innsbruck aber konnte man das nicht studieren. Die Mutter hatte eine Freundin in Wien, bei der Ursula hätte wohnen können und die den Weg für die ersten Schritte ebnete.

Aber Ursula, die jedes Wochenende im Gebirge war, konnte sich nicht von den Bergen trennen. Sie schreibt sich in Innsbruck für Italienisch und Russisch ein, in der Hoffnung, später als Korrespondentin arbeiten zu können. Und dazu noch in Geschichte. Damit war eine Türe offen für den Beruf der Lehrerin. Sie wohnt zu Hause, geht an die Uni. Der Unfalltod ihres jüngeren Bruders (er fuhr mit dem Töffli bei einem unbeschrankten Bahnübergang in die Mittenwaldbahn) verschlechtert ihr Verhältnis zu ihrem Vater. Sie will ausziehen, aber wie soll sie neben dem Studium Geld für ein Zimmer verdienen, zumal sie das Kleine Latinum nachholen muss? Sie bricht ab, geht zur Innsbrucker Niederlassung der Paderborner Computerfirma Nixdorf, einem Pionierunternehmen. Nun steht sie auf eigenen Beinen. In der Firma lernt sie ihren Mann kennen. 1985, 1987 und 1991 werden ihre Töchter Margot, Cornelia und Alexandra geboren. Sie arbeitet als Hausfrau und Mutter, hilft aber immer wieder bei Nixdorf aus.

Die Ehe hält nicht. Bei der Scheidung ist die jüngste Tochter fünf. Ursula findet Arbeit als Springerin in der Vorstandsetage eines Industriebetriebs. Sie ist 39, als sie an der Fernuniversität Hagen ein Studium in Jura und Soziologie beginnt. Mit der Hilfe der Mutter kann sie eine Wohnung in Schwaz, Tirol, kaufen. Sie wechselt in ein Immobilienbüro, wird Assistentin der Geschäftsleitung. Und

Wer bei Ursula auf der Chamonna Lischana essen durfte, hatte es gut. Die gelernte Köchin aus Innsbruck war berühmt für ihre Speisen zwischen Knödel und Kuchen. Ihre Gerichte gab es oft doppelt, mit Fleisch oder vegetarisch.

sie findet einen neuen Partner. Aber auch die zweite Ehe gelingt nicht. Der Mann ist sehr konservativ, sehr katholisch und kommt mit ihren Töchtern nicht zurecht. «Ich bin auch gläubig, aber du kannst doch den Kindern nicht ständig mit Himmel und Hölle kommen!» Scheidung. Über ihr Immobilienbüro kann sie ein bezahlbares Grundstück erwerben und baut ein Haus nach ihren Vorstellungen. 2005 ziehen sie ein: Ursula, die drei Töchter und ein Hund. Das Fernstudium musste sie aufgeben. «Wenn du hundert Prozent arbeitest, und das waren 65 Stunden die Woche, dann geht das nicht.» Um ein Haar schrammt sie an einem Burn-out vorbei. Eine Liebe führt sie in die Schweiz nach St.Gallen. «Das war auch eine Flucht.» Sie verkauft das Haus. Die jüngste Tochter ist jetzt 18, die älteren Töchter stehen schon länger auf eigenen Beinen. Aber die neue Liebe geht zur alten Ehefrau zurück.

Im März 2010 tritt Röbi in ihr Leben. «Es hat sofort gepasst», die beiden bleiben zusammen und sind seit fünf Jahren verheiratet. Beide verbindet die Liebe zu den Bergen. Röbi hat lange bei den SBB gearbeitet, in der Personalentwicklung, als Fahrdienstleiter, in der Lehrlingsausbildung und war sieben Jahre Hüttenwart auf der Jenatsch-Hütte im Val Bever. Heute ist er Lehrer in der Academia Engiadina in Samedan und kommt jedes Wochenende auf die Chamonna Lischana herauf. «Er unterstützt mich, er bringt die Post, er repariert alles, kontrolliert die Wasserleitung.» Über Röbi hat Ursula, die mittlerweile auch eine Ausbildung als Personalfachfrau absolvierte, Kontakt zur Academia bekommen und dort eine Zeit lang als Assistentin des Rektors gearbeitet. Vom Winter 2014 bis Mai 2016 führte sie das historische Hotel Mÿsanus in Samedan. Aber da war doch dieser Kindertraum? Eine Bewerbung bei der Tuoi-Hütte hat keinen Erfolg, man will dort ein Pärchen. Dann hört sie, dass auf der Chamonna Lischana ein neuer Hüttenwart gesucht wird. Sie bewirbt sich erneut bei der SAC-Sektion des Unterengadins. Man kennt ihre Unterlagen ja schon. «Röbi und ich sassen in Italien auf der Vertain-Spitze, als der Anruf kam.» Das war Ende August 2015.

Seit 2016 ist die Hütte ihr Sommer-Zuhause. Sie öffnet Mitte Juni und schliesst Mitte Oktober. Im Winter hat sie verschiedene Jobs. Im Service im Hotel Castell in Zuoz oder im Pizett, dem Pisten-Restaurant oberhalb ihres Wohnortes Zuoz, im Spital in Samedan in der Administration des Corona-Testzentrums oder auch im Hospital in Scuol an der Rezeption. Aber die Berge bleiben ihre Leidenschaft.

Viele Einheimische kommen zu ihr hinauf. Die Jäger, die auf der Chamonna Lischana Station machen, die Familien, die hier übernachten, die Angestellten vom Hospital in Scuol, Hebammen, Pfleger, Ärztinnen. Wenn Ursula ihnen eine SMS schreibt, schreibt sie romanisch. Sie hat Vallader gelernt. Und liebt diese Sprache, die im Unterengadin noch lebendig ist.

Die späte Nachmittagssonne taucht die Terrasse in ein Licht, das es nur in dieser Höhe gibt. Das Gestein des Piz San Jon färbt sich silbern, rötlich, die bewaldeten Flanken zeigen eine Palette von Grün. Jayjay kommt angetapst, legt sich auf die Seite und möchte gestreichelt werden.

Ursula sieht hinüber zur Baustelle unterhalb der Hütte; in wenigen Wochen soll die neue Kläranlage fertig sein. Die Wasserfassung wurde letztes Jahr erneuert. Davor wurden die Toiletten saniert. Sie funktionieren ohne Wasser und Chemikalien. Ein mit dem Fusspedal neben der Toilettenschüssel betriebenes tiefergelegenes Förderband trennt Urin und Fäkalien. Der Urin fliesst über einen Trichter in eine Abwasserleitung; die Fäkalien werden in acht Abteilungen aufgefangen, dort trocknen sie. Im Frühjahr – sie sind dann gefriergetrocknet – werden sie in Müllsäcke gepackt und im Tal verbrannt.

Wie in allen Hütten wird auch auf der Chamonna Lischana das Wasser zunehmend ein Problem. Die Britanniahütte im Wallis, die grösste Hütte des SAC auf über 3000 Metern, hat schon kein Gletscherwasser mehr. Man sammelt dort Regenwasser in riesigen Plastiksäcken, die in Tschechien hergestellt werden. Noch rinnt der Gletscher oberhalb der Chamonna Lischana. Noch fliesst der Fluss, der von unterhalb des Gletschers kommt. Aber mit dem Auftauen des Permafrosts wird der Untergrund einbrechen und das Wasser verschwinden wie durch ein Sieb.

Ursula denkt grün-liberal. Man müsse die Wirtschaft berücksichtigen und Kompromisse machen. Aber manches versteht sie nicht. Etwa die strenge Ausrichtung im Oberengadin auf die Superreichen. Da war die Renovierung des Flughafens Samedan mit 22 Millionen Franken geplant, nun soll das Projekt mit 88 Millionen vorangetrieben werden. Sie schüttelt den Kopf. Für Chartergesellschaften. Was dann für eine Kerosinglocke über dem Tal hinge! Das sei nicht vereinbar mit der Einzigartigkeit dieser Landschaft, mit diesem Tal in dieser Höhe! Und sie begreife nicht, dass trotz des guten öffentlichen Verkehrsnetzes im Engadin immer noch achtzig Prozent der Verkehrsteilnehmer mit dem Auto fahren. Und ein

Riesenproblem seien die Wohnungen für die Einheimischen. Wegen Corona kamen viele Schweizer aus Zürich, Basel, Genf, Solothurn und machten hier Homeoffice. Sie sprechen kein Romanisch. Und die Rätoromanen müssen fortziehen. Die Immobilienpreise sind explodiert. Auch im Unterengadin. Die jungen Leute würden gerne bleiben. Aber sollen sie Heiraten und Kinderkriegen verschieben, weil sie keine Wohnung bekommen?

Auch Ursula und Röbi werden das Engadin verlassen. «Wir wären sehr gerne im Unterengadin geblieben, aber wir haben das Geld nicht, hier etwas zu kaufen.» Wenn Röbi in zwei Jahren pensioniert ist, ziehen die beiden ins Tiroler Gschnitz in ein renoviertes altes Gasthaus. «Wir wollten keinen Neubau auf der grünen Wiese! Das Haus liegt auf 1250 Metern und ist im Stundentakt mit dem öV zu erreichen, das war uns wichtig.» Und dann haben sie es nicht weit zu den Kindern und den Enkeln. Das wird die Engadiner Freunde nicht ersetzen.

Baldina Cantieni Kobi, Samedan

Journalistin, 83 Jahre

Man muss manchmal schweigen können

Baldina Cantieni Kobi wohnt in einem modernen Mehrfamilienhaus am Dorfausgang von Samedan, Richtung Bever. Als ich vom Bahnhof komme, steht sie schon auf dem Balkon und winkt.

Sie führt mich in das Wohnzimmer, ein Eckzimmer mit grossen Fenstern. Man sieht gegen die Berge und zu den Inn-Auen. Sie gehe jeden Tag spazieren, nicht mehr sieben, acht, neun Stunden wie früher. Aber nach La Punt wandere sie noch und komme mit dem Zug zurück. Oder sie fährt nach Zernez und läuft bis Cinuos-chel. Oder sie unternimmt einen Ausflug nach Sils. Sie kenne die Bahnhöfe, da mache es nichts, wenn sie nicht mehr gut sehe. Sie giesst Früchtetee in Gläser und stellt eine Tüte Traubensaft daneben, zum Süssen.

Die Makuladegeneration schreitet voran. Sie habe jetzt ein neues Natel mit einer grossen Bildfläche. «Das muss ich ausprobieren, solange ich es noch sehe. Lernen, wie das geht: Hörbücher herunterladen, einen Text sprechen.» Lesen wird zunehmend mühsam, da sie die Wörter nicht mehr als ganze erkennt. Da fehle immer ein Stück. «Aber ich sehe noch! Ich sehe die Berge!» Nur erkenne sie die Leute auf der Strasse nicht mehr gleich. «Aber wenn sie etwas sagen, dann weiss ich schon, wer es ist.»

Geboren wurde Baldina Cantieni im November 1938 in Samedan, als jüngstes von sieben Kindern. Die Eltern, der Vater aus Sent, die Mutter aus Scuol, hatten im Oberengadin, wo man Bauern suchte, eine Landwirtschaft gepachtet. «Aber der Vater fuhr auch Kehricht, damit das Geld reichte.» Sie lehnt sich zurück: «Wir hatten eine gute Kindheit.» Abends sass die Familie zusammen und sang. «Alle Engadiner Lieder haben wir gesungen, und da wir viele waren, gab es vier Stimmen.» Die Familie wohnte in der Chesa Trippi, einem Engadinerhaus. Und der Estrich war eine Wundertüte! Da habe man alles gefunden! Ein Grammofon stand da, die Feder war zwar kaputt, und man musste es mit dem Finger drehen. Aber das ging. Und die Kinder lauschten den brüchigen Klängen einer Mahler-Sinfonie. Als sie zehn Jahre alt war, bekam eine Schwester ein Radio geschenkt. Und nun hörte Baldina zum ersten

Vieles geht nicht mehr. Aber im Nachhinein hat Baldina Freude, wenn sie sich erinnert. In ihren Fotoalben, die auch Tagebücher sind und von Reisen erzählen, von Wanderungen, kommt vergangenes Erleben zurück. Und Dankbarkeit.

Mal eine Bach-Passion. «Ich weiss nicht mehr, welche. Aber da habe ich gewusst, so was will ich singen!» Später sang sie im Gemischten Chor Zürich, dreissig Jahre lang. «Wir haben alles gesungen, alle grossen Messen, Oratorien! Das war es!»

Mit 15 war sie das letzte Kind, das noch bei den Eltern in Samedan lebte. Damals sei es nicht selbstverständlich gewesen, dass Mädchen eine Ausbildung erhielten. Man sagte: «Las mattas maridan sowieso», sie lacht. Und dann sagte der Vater zu ihr: «Sta tü pro no!», sie solle doch daheimbleiben. «Von da an habe ich nur eines gedacht: Wie komme ich hier weg?» Bei der Post gab es für Mädchen eine verkürzte Lehre. Während die Buben drei Jahre lernen durften, war man als Mädchen nach einem Jahr fertig. Und man bekam schon während der Lehre einen Lohn! «Das war nicht üblich. Manchmal musste man für die Lehre bezahlen!» Bis sie mit 18 die Lehre beginnen durfte, besuchte sie einen Winter lang die Haushaltsschule in Lucens und den nächsten Winter die Handelsschule in Samedan. In den Sommern half sie daheim. Dann ein halbes Jahr Lehre bei der Post in Pontresina und ein halbes Jahr in Arosa.

In Arosa aber lernte sie den Bruder einer Kollegin kennen. Willi Kobi war sechs Jahre älter, Sohn einer Eisenbahnerfamilie, und hatte an der ETH Elektroingenieur studiert. Die beiden heirateten 1959. Er bekam eine Anstellung bei den SBB, und das hiess flexibel sein. Er musste verschiedene Bereiche kennenlernen, im Depot arbeiten, in der Werkstatt, in der Generaldirektion und auch Lokführer lernen. Das alles an verschiedenen Orten. Das junge Ehepaar zog zunächst nach Genf. Sie könne ja auch in Genf bei der Post arbeiten, habe ihr Mann zu ihr gesagt.

Es hatte sie sehr erstaunt, dass er ihr das zugestehen wollte! Er sei auch damals schon für das Frauenstimmrecht gewesen. 1960 kam ihr Sohn zur Welt. Sie lacht: «Und damit hatte sich das Thema erledigt. Denn es ging dann immer so weiter. In einem Jahr sind wir umgezogen, und dann kam ein Kind, und dann sind wir wieder umgezogen, und das nächste kam.» Genf, Lausanne, Bern, Yverdon. Mit 28 Jahren ist sie Mutter von Peider, Reto, Martina, Ursina. Und die junge Familie zog nach Urdorf. Willi arbeitete von nun an in der SBB-Werkstätte Zürich.

Doch zu dieser Zeit war Baldina schon Journalistin. Sie hatte die Schweizer Satirezeitschrift *Nebelspalter* abonniert und begonnen, selbst für das Blatt zu schreiben. In zwanzig Jahren hat sie 166 Beiträge verfasst, oft zu Themen der Frauenemanzipation. Später engagierte sie sich im *Chardun,* der oppositionellen romanischen Zeitschrift, die die Bevölkerung auf die Gefahren des Massentourismus und der Überbauungen ihrer Landschaft sensibilisieren wollte und sich für den Erhalt der bündnerisch-romanischen Kultur einsetzte. Der *Chardun* existierte bis 1992. Von 2005 bis 2015 wurde er als Onlinezeitschrift herausgegeben. Baldina übernahm die Redaktion. Und beim *Fögl Ladin,* der romanischen Zeitschrift des Engadins, die die Idiome Puter und Vallader pflegte, war sie über zehn Jahre Stellvertreterin des einzigen Redaktors. Sie kam jeweils ins Engadin, wenn der Redaktor im Militärdienst, in den Ferien oder krank war. «Meine Eltern haben Wert darauf gelegt, dass wir Kinder gut sprachen, und uns immer korrigiert. Und es ist eine Todsünde, dass ich mit meinen Kindern nicht romanisch gesprochen habe.» Ja, wie denn! In Genf, Lausanne, Yverdon. Und Urdorf. Mit einem Vater aus Bern? Von 1992 bis 1999 arbeitete Baldina beim Romanischen Radio in Chur in der Nachrichtenredaktion. Ob sie nie daran gedacht habe, eine Sammlung ihrer wichtigsten Texte zu veröffentlichen? Sie schaut mich an, als ob ich sie etwas auf Chinesisch gefragt hätte.

Baldina und ihr Mann sind viel gereist. Natürlich mit dem Zug. «Und wenn wir dann zum Beispiel in Rom waren, dann mussten wir abends immer noch auf den Bahnhof und schauen, welche Züge ankamen, mit welchen Loks. Und er wusste immer genau: Dieser Zug jetzt ist um soundsoviel Uhr in Holland losgefahren. Er kannte alle Fahrpläne und las an Bahnhöfen immer Fahrpläne.» Baldina und Willi sind mit dem Bluetrain durch Südafrika gefahren, sie haben mit dem Zug Australien erkundet und Kanada. Ihre letzte grosse Reise ging 2013 mit der Transsibirischen Eisenbahn von Peking nach Moskau. Doch danach hatte Willi in Samedan einen Herzinfarkt. «Und nun wurde er immer weniger.» 2016 zieht das Paar ganz nach Samedan, wo es seit 1996, dem Jahr der Pensionierung Willis, jeweils schon das halbe Jahr gelebt hatte. «Wir sind mit wenig umgezogen: das Bücherregal dort, das Klavier und die blaue Truhe von meiner Mutter. Ich kann gut verschenken und wegwerfen.» Im September 2017 stirbt Willi. Seine Asche wird in Cristolais verstreut, am Waldrand, oberhalb des Wanderwegs zwischen Samedan und Celerina, da, wo spät gemäht wird und die Feuerlilien wachsen. Und dort kann Baldina ihn leicht besuchen. Baldina und Willi waren 58 Jahre lang verheiratet.

Baldina singt nicht mehr, aber sie fährt mehrmals in der Konzertsaison nach Zürich in die Tonhalle. Sie kauft immer zwei Karten. Eine verschenkt sie an eines ihrer Kinder oder an eine Zürcher Freundin. «Dort kann ich dann auch schlafen.» Oder sie geht mit ihrem Enkel am Donnerstag ins Lunchkonzert um 12.15 Uhr. «Hinterher gehen wir zusammen essen. Die jungen Leute wollen es ja vegetarisch oder vegan. Und dann fahre ich wieder nach Samedan. Das kann ich an einem Tag machen.»

Zu Hause lernt sie mit Duolingo Sprachen. Begonnen hat sie mit Englisch für Deutschsprechende. Dann hat sie den Sprachkurs Italienisch für Englischsprechende absolviert, und gerade arbeitet sie sich durch Französisch für Englischsprechende. Warum denn für Englischsprechende? Das sei lustiger, da müsse man ein wenig um die Ecke denken. «Ich habe ohne Unterbruch jetzt 810 Tage Sprachkurse gemacht.» So etwa eine Dreiviertelstunde pro Tag. «Eigentlich sollte ich als Aupair-Urnoni nach England gehen. Ja, das müsste ich machen!»

Zum Wachsein im Alter gehört für sie auch soziales Engagement. Der Wochenmarkt in Samedan verdankt sich ihrer Initiative. Seit zwölf Jahren findet er von Anfang Juni bis Ende September jeden Dienstagvormittag auf dem Dorfplatz statt. Die Gemeinde unterstützt sie mit dem Auf- und Abbau der Stände. Bauern verkaufen Brot und Käse, es gibt Gemüse, Honig, ätherische Öle, gestrickte Socken, einen Secondhandstand und einen Überraschungsstand, an dem Vereine oder verschiedene Initiativen sich vorstellen können. Es gibt auch ein Café. Denn es geht vor allem darum, dass Menschen hier ins Gespräch kommen.

Wir bringen unsere Gläser, den Traubensaft zurück in die Küche. Am Kühlschrank hängen Lieblingsbilder von Schneelandschaften.

Bis März 2020 ist Baldina Ski gelaufen. Da war sie 81 Jahre alt. «Und Langlaufen tu ich auch nicht mehr.» Ganz nebenbei erzählt sie, dass sie 17-mal den Engadin Marathon mitgemacht und darüber geschrieben hat. Aber einmal sei Schluss. «Ich möchte auch nicht mehr! Es wäre ein zu grosser Krampf. Man weiss vorher nicht, wann es das letzte Mal ist. Und ich wollte das auch nicht wissen. Da wäre ich traurig. Aber im Nachhinein habe ich Freude, wenn ich mich erinnere.»

Duonna Baldina, zum Schluss, was ist das Geheimnis einer langen Ehe? Sie antwortet sofort: «Man muss manchmal schweigen können.» Und wer hat mehr nachgegeben? Sie oder ihr Mann? Sie zögert. «Das weiss ich nicht. Ich weiss ja nicht, wie oft er geschwiegen hat.» Sie nickt. «Es waren schöne Jahre.» Wenn sie heute Zug fährt, und sie fährt viel Zug, dann habe sie immer das Gefühl, Willi sei bei ihr.

Sidonia Caviezel, Scuol

Musikerin, 30 Jahre

Das Leben ist kein Sugus

Ihre Wohnung strahlt weiss, als sollte Platz sein für all ihre Ideen, ihre Projekte, ihre Lieder, die sie hier am Klavier komponiert. Die Südseite des offenen Wohn-Küchen-Raums ist verglast und gibt einen Panoramablick frei auf das S-charl-Tal und die Unterengadiner Dolomiten. So lebt sie mit der Natur, auch wenn sie drinnen wohnt und arbeitet. Sie ist müde und lacht. Manchmal sei es schon viel. Am Samstag zum Beispiel, da hatte sie am Nachmittag ein

Konzert im Oberengadin, im Val Roseg, und am Abend spielte sie bei einer Premiere in der Postremise in Chur. «Das ging nur, weil meine Eltern mich gefahren haben!» Sidonias Eltern, Giana und Georg, sind für sie da, darauf kann sie sich verlassen.

Sidonia wuchs im Hundertseelendorf Martina an der österreichischen Grenze auf. «Wir Kinder haben uns auf der Strasse getroffen und zusammen gespielt. Wir waren frei. Und das Pfeifen von der Mama hat man schon gekannt und dann gewusst, dass man heimkommen sollte.» Ihre zwei Jahre ältere Schwester Madlaina spielte Akkordeon, wie auch ein Cousin und zwei Onkel. So bekam Sidonia schon im Kindergarten ein Akkordeon. Die Eltern fuhren sie und Madlaina regelmässig in den Musikschulunterricht nach Scuol. Lange Jahre lernte Sidonia bei Claudine Pierrehumbert. «Sie war klein, liebte Katzen und war sehr engagiert. Sie hat mein Potenzial gesehen, aber sie hat alle Schüler ernst genommen, auch wenn einer nur langsam vorwärtskam.» Auch an den Wochenenden begleitete Claudine ihre Schützlinge zu Wettbewerben. «Sie hat alles gegeben! Und ich erinnere mich, einmal, da hatten wir kein Zimmer für den Unterricht. Da gingen wir in den Bahnhof.» Damals hatte Scuol noch einen mit Plüschmöbeln ausgestatteten historischen Warteraum, der einem Kiosk weichen musste.

Mit zehn Jahren bekam Sidonia aus der Verwandtschaft ein altes Klavier. Und die kleine Akkordeonistin brachte sich das Spielen selbst bei. Aber sie war auch ein sportliches Mädchen, das in der JO-Langlauf- und in der Alpinskigruppe mitmachte. Und als die Mutter sie einmal nach dem Training ganz verschwitzt zum Akkordeonunterricht fuhr, da sagte sie: Langsam wird es Zeit, dass du dich entscheidest. «Und zum Glück habe ich mich für die Musik entschieden!»

Sidonia macht die Matura in Chur und absolviert dann in Winterthur ein Musikvorstudium. Sie wird an der ZHdK zugelassen und studiert in Winterthur und Zürich Akkordeon, klassisch. Das hiess neben theoretischen Fächern auch fünf bis sechs Stunden üben am Tag. «Das war streng!» Aber Musik ist für sie etwas ganz Persönliches; sie möchte freier sein, als es in einem institutionellen Rahmen möglich wäre. Zwar macht sie den Abschluss, aber sie möchte die Musik als ihre Leidenschaft bewahren. Und so schlägt sie einen anderen Weg ein. Sie hängt eine Ausbildung als Primarlehrerin an. «Meine Eltern motivierten mich zu diesem weiteren Studium; sie haben mich immer unterstützt, auch finanziell.» Neben ihren Ausbildungen arbeitet Sidonia unter anderem als Musikgruppen- und Bandleiterin mit geistig und körperlich beeinträchtigten Menschen bei Insieme Cerebra in Winterthur, gibt Unterricht an der Musikschule Grischun Central und ist Chorassistentin in der Singschule Chur. Nach dem erfolgreich beendeten Primarlehrerinstudium nimmt sie sich ein Zwischenjahr, in dem sie, zusammen mit ihrer Schwester Madlaina, drei Monate in Australien lebt und ein Englischdiplom zum Unterrichten erwirbt. Sie bereist Thailand, Bali, Marokko. Und kehrt immer wieder ins Engadin zurück für Konzerte, Projekte, Stellvertretungen.

Die entscheidende Wende in ihrer musikalischen Laufbahn bringt der Zufall. Ihre Mutter singt in Strada in einem Chor, den die Musiklehrerin und Sängerin Nina Mayer mitleitet. Als man für ein Konzert ein Intermezzo im Programm will, schlagen die Chorleiterinnen Sidonia vor. Nina und Sidonia lernen sich kennen. Und alles passt. «Wir sassen bei uns in der Küche und übten. Mein Vater kam vom Schaffen nach Hause. Und er sagte, er habe den Eindruck gehabt, als machten wir schon seit Jahren zusammen Musik.» Die Stimmen von Nina und Sidonia harmonieren. Und Sidonia ist eine musikalische Allrounderin. Sie spielt Akkordeon, Schwyzerörgeli und Klavier, auch die Kistentrommel Cajon, Waldhorn und Trompete. «Und ein paar Begleitakkorde auf der Gitarre bekomme ich auch noch hin.» Nina und Sidonia gründen das Duo Mi'amia (Meine Freundin). Obwohl Nina aus Bayern kommt, sprechen die beiden miteinander Romanisch, «la lingua dal cour», die Sprache des Herzens. Und sie schreiben ihre Texte in Vallader, dem Idiom des Unterengadins. «Es ist ein grosses Geschenk für mich, dass ich Nina in diesem kleinen Tal getroffen habe.» Aus den Musikerinnen sind Freundinnen geworden. Eines ihrer Lieder, *Chara, bella Engiadina,* das Nina geschrieben hat, wurde vom Romanischen Radio als «Top Pop rumantsch» des Jahres 2018 ausgewählt und produziert. Mittlerweile haben sie mit den drei Musikern Andi Schnoz (Gitarre), Rolf Caflisch (Schlagzeug) und Lucas Schwarz (Bass) eine EP, «üna pitschna CD», mit fünf Liedern aufgenommen; im nächsten Frühjahr wird ihr erstes Album erscheinen.

«Ich habe meinen Traumberuf!» Sidonia lacht mit kirschschwarzen Augen. Dieser Traumberuf besteht – neben Musikunterricht an der Schule, in der Leitung eines Jugendchors und Akkordeonunterricht, Spielen in der Musikgesellschaft Scuol – im Augenblick aus einer 85-Prozent-Anstellung als Heilpädagogin in der Regelschule in Scuol. «Sie haben eine schulische Heilpädagogin gesucht, die Romanisch spricht.» Ihre Aufgabe besteht darin, Schülerinnen und Schüler mit besonderem Bildungsbedarf im Alter von 11 bis 16 Jahren zu fördern und in ihren Klassen zu betreuen und die Klassenlehrer zu unterstützen. «Ich bin vielleicht eher streng, aber bei mir gibt es immer auch Platz für Humor. Und ich habe Ideen. Wenn ich etwas fünf Mal erklärt habe und sie verstehen es immer noch nicht, dann fällt mir schon noch was ein.»

Was sind die Herausforderungen? Man müsse einen Zugang finden zu den Jugendlichen. Ihnen zuhören. Das Hauptproblem sei, dass viele von ihnen in den Medien leben. «Da geht es um Likes, um die Dazugehörigkeit, um das Aktivsein auf Social Media. So können sie oft nicht mehr richtig filtern, was realistisch ist und was nicht.» Und Ballerspiele seien manchmal schon bei Kindern ein Problem. Dabei gebe es in Scuol die verschiedensten Einrichtungen für Kinder und Jugendliche! Sport, Musik, Tanz. Endlich hat die Schule einen Sozialarbeiter und zwei Jugendarbeiterinnen bekommen, die aufzeigen können, wie man die Freizeit auch anders gestalten kann.

Und was wäre ihr bei den eigenen Kindern einmal wichtig? Sie muss nicht überlegen: «Zeit haben für die Kinder. Und ihnen Manieren beibringen, Dankbarkeit, Respekt. Das Leben ist kein Sugus!» Kein Zuckerschlecken. Kinder bräuchten das Gefühl, etwas wert zu sein, sie bräuchten die Anerkennung ihrer Eltern. Das mache sie stark.

Und wo sieht sie sich in zehn Jahren? Sidonia nimmt ihre langen Haare zusammen und legt sie auf den Rücken. «Da gibt es zwei Szenarien. Entweder lebe ich noch

Mit dem Akkordeon hat Sidonia schon im Kindergarten begonnen. Heute ist sie eine musikalische Allrounderin und spielt Schwyzerörgeli, Klavier, Cajon, Waldhorn, Trompete und Gitarre. Und sie komponiert und singt.

im Engadin, verheiratet, mit Kindern. Oder ich bin irgendwo auf dieser Welt als Musikerin unterwegs.» Sie liebt es zu reisen, anderes kennenzulernen. Gerade war sie auf einer Hochzeit in Marokko eingeladen. «Ich esse dort mit den Händen; ich weiss, wie man Tee kocht und marokkanische Kebabs macht. Ich kann in ihrer Kultur leben.» Sie lehnt sich zurück und schaut gegen die Berge: «Wir haben alles und noch viel mehr. So viel Luxus. Wir haben das beste Hahnenwasser, das es gibt. Marokkaner haben vielleicht wenig, aber sie würden dir das letzte Hemd geben. Und auch wenn sie am Boden essen, haben sie doch etwas zu essen, und sie schätzen es.»

Vielleicht sieht Sidonia in der marokkanischen Kultur auch etwas, was im Engadin verschwindet. «In Marokko sind die Kinder mit einem Ball zufrieden. Früher waren die Kinder hier auch mit einem Ball zufrieden. Und du gingst mit dem gelben Büchlein auf die Post und hast die Rechnungen bezahlt. Heute geht vieles online, und jetzt noch mit dem QR-Code. Ich sehe, was das mit vielen älteren Menschen macht. Das Leben ist so schnell geworden. Manchmal frage ich mich, wo das hinführt. Die zwischenmenschliche Kommunikation lässt immer mehr nach.»

Ihre Wohnung hat Sidonia nur knapp bekommen. In ihrem Block gibt es mehrere Zweitwohnungen. Das kann doch nicht sein, habe sie ihrem Vermieter gesagt, sie sei aus dem Engadin, sie arbeite hier und sie finde nichts! Durch das Netzwerk Mia Engiadina kamen Fiberglasleitungen ins Tal, das Internet wurde schneller. Menschen, die sonst in den Metropolen leben mussten, können nun im Tal einen Teil ihrer Arbeit im Homeoffice erledigen.

Das ist für das Tal belebend, macht aber den Wohnraum noch kostbarer.

Ich möchte Sidonia mit dem Akkordeon fotografieren. Ich bitte sie zu singen, und sie singt sofort. Nein, sie kenne kein Lampenfieber. Sie geniesse den Moment. «Ich weiss, dass es gut kommt und dass ich mich immer retten kann.» Eine Stimme sei etwas sehr Intimes. Da brauche es schon Mut. Aber sie kann ihre Leidenschaft mit dem Publikum teilen. Und dann gebe es so magische Momente. Man müsse den Ablauf im Griff haben, aber dann doch loslassen. Manchmal passiere es, dass das Lied schon zu Ende ist, und sie improvisiere immer noch weiter.

Birgit Kohl, Ramosch

Landschaftsgärtnerin, Sennerin, Skilehrerin, 52 Jahre

Da, wo ich bin, ist es gut

Die Fensterbretter, die Fassadenwinkel, der Sockel des Engadiner Bauernhauses an der Hauptstrasse von Ramosch sind geschmückt. Mit seinen Trockenblumen, Hölzern, Geweihen, Zweiglein, Steinchen und den frühen Stiefmütterchen scheint das Haus lebendig zu sein und gerade aus dem Garten herauszuwachsen. Die runde Holztür steht weit offen. Heute sei es draussen wärmer als drinnen. Birgit Kohl führt mich hinein. Die Familie wohnt erst seit vier Jahren hier, das verwinkelte Haus ist noch im Umbruch, aber vermutlich wird es dieses Luftige, Improvisierte, Verspielte auch nach weiteren Aufräumarbeiten und Renovationen behalten. Es ist ein Haus, das atmet. Ganz oben unter dem Dach, da, wo nun die ersten Rauchschwalben eingezogen sind, die zwitschernd an ihren Nestern bauen, gibt es ein Bettenlager, von dem aus man durch die Holzbalkenmuster des ehemaligen Heustalls in den Himmel sehen kann. Am liebsten schläft Birgit hier oben. Also fast im Freien. Auch im Winter? Sie nickt.

Wir gehen in die Küche. Sie öffnet den Holzofen, in dem das Feuer züngelt, und legt Scheite nach. Sie hat Kartoffelgratin vorbereitet, das leise vor sich hinbrutzelt. Eine kleine Katze kommt herein, Birgit spricht romanisch mit ihr. Dann legt sie die Arme auf den Küchentisch und erzählt.

Geboren ist sie in Denkendorf, einem süddeutschen Städtchen bei Stuttgart, das durch seine ehemalige Klosterschule (Hölderlin hat sie besucht) bekannt ist. Nach dem Abitur studierte sie zunächst an der Kunstakademie in Nürtingen. Aber schnell schien ihr, was sie da tat, zu abgehoben. Es hatte nichts mit dem normalen Leben zu tun. Auch ein Praktikum in einem Architekturbüro gefiel ihr nicht, es war zu computerlastig. Sie arbeitete in einer Landschaftsgärtnerei, machte eine Lehre, und jetzt passte alles. Mit dem Landschaftsgärtner Thomas geht sie 1998 zum ersten Mal auf eine Alp. Auf der Alp Calasa im Valsertal gab es 16 Milchkühe, 13 Rinder, 400 Schafe. Für die Schafe war Thomas zuständig. Sie für die Kühe, das Melken, den Käse. «Ich hatte keine Ahnung und nur einen Ordner vom Plantahof, in dem etwas über das Käsen stand.» Erst war das Wetter schlecht, und die Kühe konnten wegen des Schnees nicht kommen. Dann hatte der Alpmeister keine Zeit mehr, sie richtig anzulernen. «Wir haben jeden Abend telefoniert.» Jaja, du machst das schon, habe er immer gesagt. «Learning by doing», sie nickt und gibt der Katze ein Leckerli. Thomas und sie schaffen es. Nach dem Sommer fahren sie wieder nach Süddeutschland zurück, aber das Alpfieber hat sie gepackt. Im *Bündner Bauer* lesen sie, dass man im Unterengadin für die Alp Uina Dadaint, gelegen an der Uina-Schlucht zwischen Sur En und der Sesvenna-Hütte, eine Sennerin und einen Hirten sucht. Es sei, erklärte der Alpmeister, eine der trockensten Gegenden der Schweiz. «Und dann hat es den ganzen Sommer lang geregnet.»

Das war 1999. Als sie im darauffolgenden Jahr wiederkommen, ist Birgit schwanger. Und im nächsten Jahr, wenn die Sennerin nach dem Jungvieh schaut, hat sie Jonathan im Tragetuch dabei. Die Windeln werden auf dem Herd ausgekocht. Birgit will keinen Plastikmüll. Sie hat den alten Wäschestampfer von der Grossmutter mitgenommen. «Die Windeln standen morgens ab 4.30 Uhr auf dem Ofen. Und wer Zeit hatte, hat einmal durchgestampft.» Dann kamen sie in einen Kübel und wurden am Brunnen nochmals nachgewaschen. «Und wir hatten dann ja recht schnell zwei Kinder in Windeln.» Nach Jonathan wird 2002 Gian geboren; Peter kommt 2004 zur Welt, im Auto auf der Alpstrasse hinunter nach Scuol. «Bei dieser Strasse hast du keine Chance!» 2006 und 2011 vervollständigen Priska und Jacob die Familie. Die Alpsommerkinder spielen im Wald, nehmen das Wassergeflügel, die Enten, die Gänse, mit an den Fluss, wo sie Staubecken bauen.

Als die ersten Kinder in die Schule kommen, siedelt

Familie Kohl aus Süddeutschland nach Ramosch, am Fuss des Uina-Tals. Und eine höhere Logistik beginnt. Denn zwar gibt es acht Wochen Sommerferien, aber wenn die Sennerin und der Hirt während der Schulzeit auf der Alp sind, brauchen sie Hilfe von den Dorfmüttern, bei denen die Kinder zum Mittagessen oder zu den Randzeiten von Scoula oder Scoulina willkommen sind. Und das klappt. Weil ein Dorf eine Solidargemeinschaft sein kann. Und die Eltern den Mut haben zu vertrauen. Die Integration der siebenköpfigen Familie gelingt. «Das Dorf kannte uns gut aus Erzählungen unserer Kinder und von der Alp, schon bevor wir ganz in Ramosch wohnten.» Als Jonathan ins Hochalpine Institut nach Ftan geht, bleibt der Vater als Landschaftsgärtner im Tal und schaut nach den Kindern, aber Birgit wird nochmals für fünf Sommer Sennerin auf der Alp Pradgiant oberhalb von Vnà.

Heute sind Birgit und Thomas bei Pro Terra Engiadina engagiert, einer Umweltschutzorganisation, die auch mit dem WWF zusammenarbeitet. Birgit führt über die Inn-Auen, diesen besonderen, schützenswerten Lebensraum. Wegen der Kraftwerke werden die Flussufer des Inns immer weniger überspült. Sie versanden. Normalerweise wachsen hier auf Kies und Sand Weichhölzer, die zum einen die extreme Hitze, zum andern Hochwasser gut vertragen: Weiden, Erlen, Berberitzen, Pappeln, Eschen. Und am Boden schaukeln Kartäusernelken, duftet wilder Thymian, leuchten Sonnenröschen. Birgit geht mit Schulklassen, interessierten Gruppen auch durchs S-charl-Tal auf den Spuren von Bären, Wölfen, Luchsen und spricht von der Problematik, wenn Wildtiere zu nah an den Lebensraum von Menschen kommen. Man kann bei ihr lernen, dass Wolfskot leicht von Hundekot zu unterscheiden ist. Denn er enthält Fellhaare. Bärenkot hingegen sieht aus wie ein handgrosser Fladen, in Wurstform gerollt. Er hat hohe Anteile von Pflanzenresten. Und über seinen Kot lässt sich seine DNA bestimmt, der Bär kann beobachtet werden. Ein Bär, der abends selbstverständlich durch ein Dorf geht, ist eine Bedrohung. Aber der Mensch kann seine Mülltonnen bärensicher verschliessen, seine Bienenstöcke umzäunen. Wenn ein Bär nichts zu essen findet, bleibt er fern. Ein Wolf braucht drei Kilo Fleisch am Tag. Ein hungriges Wolfsrudel ist gefährlich. Der Mensch müsse sich darauf einstellen, indem er seine Verhaltensweise ändere, die Schafe besser hüte, besser schütze.

Und melancholisch spricht sie von der Landschaft, die sie umgibt. Eine Naturwiese ist keine Kunstwiese. Eine Kunstwiese braucht und verträgt viel Dünger, der, anders als der Langzeitdünger Mist, sofort in den Boden geht. Aber wenn der Winter trocken ist, dann bleibt eine Kunstwiese braun, während eine Naturwiese schon grün ist und insektenfreundlich blüht. Als sie 1999 ins Unterengadin kam, waren die Wiesen unterhalb der Kantonsstrasse zum Inn hin bunt. Storchschnabel, Esparsetten, Margeriten, Akelei, Wiesenschaumkraut, Zittergras, Natternkopf, Salbei, Rittersporn. Heute sind sie gelb und dann weiss: Löwenzahn und Kerbel. Und während es damals noch zwanzig Braunkehlchennester gab, gibt es heute keine mehr. Die intensiv genutzten Wiesen sind der Tod der Insekten und das Aus für manche Vögel. Die Landwirtschaftspolitik lasse den Bauern keinen grossen Spielraum.

Birgit engagiert sich in der Jugendarbeit, organisiert Blue-Cocktail-Partys, bei denen Getränke ohne Alkohol

Ramosch liegt auf 1200 Metern über dem Meer. Da braucht es noch im Mai ein abgedecktes Beet. Aber in Birgits Garten spriesst es bald. Sie lässt zu, dass sich manche Pflanzen wie Salate oder Petersilie vermehren, wo sie wollen.

gemixt werden, denn schliesslich könne man gut drauf sein, ohne betrunken zu werden. Sie gibt Kinderturnen, sorgt sich um den Schulgarten in Ramosch (aus der Ernte wird Kürbissuppe gekocht, Roggenbrot gebacken) oder um die Sortengärten in Ftan und Ardez, in denen alte Getreidearten angebaut werden, Hafer, Gerste, Dinkel, Faserhanf, Lein. Und im Winter arbeitet sie als Skilehrerin in der Skischule Scuol. Ihre Kinder machen sich auf zu eigenen Wegen. Jonathan studiert heute Jura in Luzern, Gian ist Landwirt auf einem Demeter-Hof im Thurgau, Peter und Priska machen die FMS und das KV in Samedan. Jacob besucht die Primarschule in Ramosch. Das atmende Haus ist offen und nimmt alle auf, die kommen. Und Birgit verströmt ihre Energie wie eine Pflanze Sauerstoff.

Wir gehen in ihren durch Trockenmauern terrassierten Garten. Da, sagt sie und zeigt auf den Weg, da kommt Salat, er hat sich selbst ausgesät, sie streicht mit dem Finger über die festen, kleinen Blätter. Und dort die Petersilie! Sie hebt die Schutzabdeckung eines Beets: Schau, wie warm es hier ist, wie alles schon wächst. Sie sieht zu den Bergen, deren Gipfel noch schneebedeckt sind.

Birgits Familie lebt fast ausschliesslich als Selbstversorger aus dem Garten. «Wir essen saisonal», sagt sie. Wenn es Rhabarber gibt, gibt es Rhabarber. Rhabarberkuchen, Rhabarberkompott. Und wenn es Erdbeeren gibt, gibt es Erdbeeren, frisch vom Strauch. Oder Himbeeren. «Und wir dürfen auch in anderen Gärten Äpfel ernten und lagern sie ein.»

Unten im Haus, im Areal eines einstigen Kuhstalls, lebt das Kleinvieh. Die Kaninchen mümmeln auf dem Boden, der Rammler hat einen Laufstall von den Weibchen getrennt; die Brahma-Hühner mit dem dicken Gefieder, die Füsse ein opernhaftes Gepuschel, hocken höher beisammen. Birgit wird noch drei Gänse kaufen, mit ihnen übers Jahr auf die Wiesen gehen, sie grasen lassen. Und dann dürfen sie im Dorfbrunnen schwimmen. «Da habe ich Freude daran, wie sie sich freuen!» Ob das ihr Lieblingsort sei? Ja schon, sagt sie, aber eigentlich habe sie viele Lieblingsorte: «Da, wo ich bin, ist es gut.»

An Weihnachten werden die Gänse geschlachtet. Sie tötet sie mit einem Bolzenschussgerät. Sie tötet auch die Kaninchen. Und die Hühner. Aber die Hühner haben Namen! Die schönen, riesigen Brahma-Hühner: Kleopatra, Cäsar, Agate, Henriette, Elfriede, Elisabeth. «Ja», sagt sie, «alle meine Tiere haben Namen, denn sie haben ein Leben, sie haben eine Identität, da gehört ein Name dazu.» Sie schliesst das Gatter des Hühnerstalls.

Wer ein Tier, für das er gesorgt hat, selbst tötet, ein Tier mit Namen zumal, isst es kaum im Unverstand.

Corina Caviezel-Stupan, Sent

Lehrerin, Bäuerin, Chasarina, 64 Jahre

Unsere Ferien, das war Heuen

«Das ist jetzt nicht wahr!», rief Mutter Giacomina. Und Vater Nical schluckte: Nach den Töchtern Mengia (1952), Madlaina (1955) und Aita (1957) hatte Giacomina kurz vor Silvester 1958 ihr viertes Mädchen zur Welt gebracht. Corina war gesund und munter.

Wir sitzen in der Arvenstube ihres Elternhauses im Senter Ortsteil Curtin. Ihre Mutter Giacomina, erzählt Corina, sei aus Ardez gewesen und habe die Handelsschule in Chur besucht. Das war ungewöhnlich damals, für ein Mädchen. Als sie einmal in den Sommerferien im Senter Dorfladen «Butia da Plaz» aushalf, lernte sie Nicolin Stupan kennen, den alle Nical nannten. Durch die Heirat wurde Giacomina Bäuerin. Die Familie lebte mit Tieren und Heu unter einem Dach. Corina spielte mit ihren Schwestern und Nachbarskindern um den Brunnen, an dem die Kühe, die Ziegen morgens und abends getränkt wurden. Heute ist der Heustall des Hauses ausgebaut. Und es gibt Raum für eine Drei-Generationen-Gemeinschaft. Corina und Men wohnen neben ihrer ältesten Tochter Nataglia und den drei Enkeln Talin, Lina und Pia.

Corina besuchte die Schule in Sent. Sie war die Jüngste ihrer Klasse. Gerne wäre sie, wie ihre älteren Schwestern, Lehrerin geworden. Traute sich aber nicht, das zu sagen. Kinderkrankenschwester, meinte sie zögernd, als sie mit 15 Jahren die Schule beendet hatte. Die Eltern waren froh. Aber diese Ausbildung konnte man erst mit 18 Jahren beginnen. Also kam die Kleine zu ihren Schwestern nach Chur in die WG. Sie sollte in der Zwischenzeit Arztgehilfin lernen. «Das war ein bisschen die Katastrophe», sagt Corina, «am schlimmsten war das Labor.» Sie brach die Ausbildung ab. Die Eltern schüttelten den Kopf. Ein Verwandter, der an der Kantonsschule in Chur arbeitete, konnte helfen. Corina durfte ein Jahr das Handelsgymnasium besuchen mit dem Ziel, auf das Lehrerseminar zu wechseln. Was gelang. So wurde sie doch noch Lehrerin.

Ihre Churer Jahre im Seminar waren schön. Nur hatte die junge Engadinerin Mühe mit dem Deutschen. «Wenn der Lehrer etwas fragte, und ich wusste die Antwort, habe ich überlegt, wie ich das auf Deutsch sagen musste. Und wenn ich es zusammenhatte und langsam den Finger hob, dann hatte es schon ein anderer gesagt.» An den Wochenenden, nach dem Unterricht am Samstagvormittag, fuhr sie heim. Vier Stunden Zug (es gab den Vereinatunnel noch nicht). Gegen 18 Uhr war sie in Sent. Dann Ausgang. Am Sonntag ein Skirennen und am Abend wieder zurück. Aber viele Engadiner Jugendliche machten das so. Das Zugabteil war ihr Raum für Gemeinschaft.

Mit zwanzig tritt Corina ihre erste Stelle in Bergün an. Unterrichtssprache war Rätoromanisch. «Die Kinder waren sehr lieb, aber sie verstanden so wenig Romanisch. Ich musste viel auf Deutsch unterrichten.» Nach einem Jahr wechselt sie nach Zernez. Damals ist sie schon mit Men zusammen, der in Scuol als Elektriker arbeitet. Dieser Men, «Menin da Fanny», der Kleine von Fanny, war ihr recht früh aufgefallen, bei einem Konfirmandenlager in Lavin. Später lernten sich die beiden bei einem Musikfest im Münstertal näher kennen. Eine Jugendliebe, die hielt. Vater Nical sieht den jungen Mann und findet: Das wäre ein guter Bauer! Aber er hat keine Hoffnung, dass das junge Paar – eine Lehrerin und ein Elektriker! – sich für die Landwirtschaft interessieren könnte. Doch da sollte er sich täuschen.

Men war aus Tschlin, aber ein wenig war er auch aus Italien, er kannte das Meer. Seine Mutter Fanny, eigentlich Stefania, war die Tochter von Randulins, Auswanderern aus dem Engadin, die in Rom eine Drogerie betrieben. Während des Kriegs schickte Stefanias Vater sie nach Genf. Neben Rätoromanisch sprach Stefania Italienisch und Französisch und ein wenig Schriftdeutsch. Bei Verwandtenbesuchen in Tschlin lernte die junge Frau dann

Corina belebt die historische Senter Alp Prümaran Prà San Flurin. Mit Käsetuch und Metallbögli zieht sie den Käsebruch aus dem alten Kupferkessel. Danach wird er in runde Formen gefüllt. Enkelin Lina schaut zu und hilft.

Talin kennen, der im Transportwesen arbeitete. Sie heirateten. Aber mindestens einmal im Jahr wollte Stefania nach Rom! «Sie war immer sie selbst geblieben.» Was das heisst? «Weisst du, eine Frau in Tschlin, die am Morgen um zehn Uhr in einem Restaurant einen Kaffee trinkt, das war schon erstaunlich für die einheimischen Frauen! Und sie trug schöne Röcke. Ihr Haar hatte einen natürlichen roten Schimmer.» Stefania wurde früh Witwe und brachte ihre drei Kinder allein durch. Sie starb, kurz nachdem ihre Enkelin, Corinas Tochter Nataglia, ihr erstes Kind bekam. «Nataglia zeigte ihr den kleinen Talin im Altersheim. Sie sah das Kind und sagte: ‹Ach, wie schön, fein.› – Sie sagte das auf Deutsch! Es waren ihre letzten Worte.»

Vier Jahre unterrichtete Corina in Zernez; Men arbeitete in Scuol. Corina wusste, was Landwirtschaft bedeutet. «Unsere Ferien, das war Heuen! Aber das war schön, auch wenn wir arbeiteten.» Und Men half oft bei seinem Onkel auf dem Bauernhof in Tschlin aus. Sie sind Mitte zwanzig, als sie beschliessen, anders zu leben. «Ich wollte keinen Mann, der morgens aus dem Haus geht und abends heimkommt.» Sie möchte mit Men zusammenarbeiten, draussen im Freien, mit Tieren im jahreszeitlichen Einklang mit der Natur. In einer Bauernfamilie sehen sie die Chance, Kinder und Beruf harmonisch zu verbinden. Einmal werden sie Ziegen haben und Schafe, Hühner und ein Pferd für Nataglia. Vater Nical ist begeistert, als das Paar mit Wiesen, einem Transporter und ein paar Kühen anfangen möchte. Die beiden haben keine Ausbildung, aber Erfahrung. Und sie haben ihn! «Mein Vater gab schon Ratschläge, auch beim Kauf der Kühe.» Corina und Men können Land erwerben, Land tauschen; Vater Nical gibt etwas dazu.

«Wir haben im Mai geheiratet und im ersten Sommer geheut. Dann im Herbst auf dem Viehmarkt ein paar Kühe gekauft.» Zunächst können sie die Tiere im Dorf unterbringen, bei Corinas Schwester Madlaina, die später auch Bäuerin werden wird. Bald bauen sie im Nordwesten von Sent, im Ortsteil Sarandschasch, ein Haus mit Stall. In den Jahren des Aufbaus ist Corina schwanger und junge Mutter. Nataglia kommt 1985 auf die Welt, Niculin 1986, Plasch 1988. «Das machte man einfach so. Es war eine intensive Zeit, aber ich genoss das Leben mit unseren Kindern.» Mutter Giacomina hilft, wie sie auch der älteren Tochter Madlaina hilft. «Einmal habe ich meine drei Kinder vorbeigebracht, und da waren schon die drei von Madlaina da. Und Giacomina sagte nur: Gut, die drei nehme ich jetzt noch. Aber dann wirklich keins mehr!»

Men und Corina arbeiten mit dem Schweizer Original Braunvieh. Nur eine kurze Weile experimentierten sie mit Brown-Swiss, einer Braunviehkuh, in die eine amerikanische Rasse eingekreuzt wurde. Brown-Swiss-Kühe geben mehr Milch, aber sie brauchen Zusatzfutter. Corina und Men möchten die Tiere aus eigenen Futtermitteln ernähren. Sie sollen gesund bleiben und die Milch geben, die sie eben geben. Bald stellten sie ihren Hof auf biologische Landwirtschaft um. «Das ging problemlos. Wir wollten ja keine Hochproduktion. Wir wollten auch nicht auf Mutterkuhhaltung wechseln, also nicht nur Fleisch produzieren.» Original Braunvieh kann für die Milch gehalten werden, und wenn eine Kuh vielleicht mehrere Jahre lang nicht trächtig wird, schlachtet man sie und bekommt doch noch Fleisch. Und ihre Kühe hatten immer Hörner. Natürlich sollte man aufpassen! Man müsse wissen, wie man sich einer Kuh nähere. Sicher könne Schlimmes passieren! Aber einem Kalb die Hörner auszubrennen, das gehe nicht! Es brauche Respekt vor den Tieren, und Corina fällt, wie immer, wenn ihr etwas wichtig ist, ins Romanische: «respet invers la bes-cha». Wenn man einer Kuh die Hörner nehme, verändere man ihr Wesen. Eine Kuh mit Hörnern erhebt ihren Kopf anders.

Corina hat sechs Enkel, die alle in der Nähe wohnen. Sohn Niculin studierte an der ETH und lebt mit seiner Familie als Geomatiker in Scuol. Plasch übernahm vor drei Jahren den Bauernhof von Corina und Men. Das hätte Grossvater Nical gefreut! Und Corina, die früher im Dorf engagiert war, im Schulrat, in der Theatergruppe, im Chor, in der Tanzgruppe, im Kulturverein Ütil public ist zufrieden als pensionierte Frau. Sie ist gern im Bativ auf über zweitausend Metern, dem Maiensäss oberhalb von Sent, wo sie mit der Familie und den Cousins die Kindersommer verbracht hat. Die gemeinsame Arbeit, die langen Abende. «Wir sassen zusammen und haben erzählt.» Oder sie macht Käse im etwas tiefer gelegenen Prümaran Prà San Flurin. Es ist eine der wenigen im Originalzustand erhaltenen Alpen der Schweiz. Szenen des Schellenursli-Films wurden hier gedreht. Corina arbeitet mit den alten Geräten: Auf dem Holzofen wird das Brunnenwasser abgekocht, im riesigen Kupferkessel bricht und rührt sie die Milch, bevor sie über dem offenen Feuer erhitzt wird. Und zu Hause probiert sie das alte Spinnrad aus und webt aus der Wolle eine Decke für die Ofenbank. Verlorenes Handwerk interessiert sie. Sie sieht sich auch als «chasarina», als Hausfrau, die diesen Beruf schätzt. Sie kann selbst bestimmen, wie und was sie arbeitet. Keiner redet ihr drein.

Natürlich dürfe man sich nicht ausnutzen lassen. Es ist schön, wenn jemand mithilft. Aber es gefällt ihr, ihre Räume zu gestalten und zu pflegen. Und sie kocht gerne und backt eigenes Brot aus selbst gemahlenem Korn. Ihre Enkelkinder gehen bei ihr ein und aus. Oft übernimmt sie Hütedienste, etwa wenn Nataglia unterrichtet. «Ich habe die Kinder einfach um mich herum, und dann passiert allerlei.» Die fünfjährige Lina kann schon ganz gut spinnen.

Das Leben im Dorf hat sich geändert. Im Viertel Curtin wohnen kaum noch Menschen dauerhaft. In den meisten Häusern gibt es Ferienwohnungen, die wechselnd vermietet werden oder die meiste Zeit leer stehen. «Das ist der Tod jeder Gemeinschaft.» Aber sie wolle nicht alles graumalen, sagt sie.

Vor Corinas Haus lehnt ein liebevoll geschriebenes Schild hinter Glas, auf dem sie Romanischstunden anbietet. Ihre Muttersprache, das Vallader, ist ein Zuhause. So trägt Corina dazu bei, dass aus Feriengästen, aus Zweitwohnungsbesitzern, aus Zugezogenen doch ein klein wenig – Wort für Wort, pled per pled – Einheimische werden.

Die Autorin

Angelika Overath, geboren 1957 in Karlsruhe, lebt als Schriftstellerin, Journalistin, Lyrikerin und Dozentin in Sent im Unterengadin. Zuletzt erschienen *Krautwelten* (Insel-Bücherei, 2021), eine Hommage an die Kohlpflanzen, der zweisprachige Gedichtband in Vallader und Deutsch *Schwarzhandel mit dem Himmel/Marchà nair cul azur* (Telegramme, 2022) und der Roman *Unschärfen der Liebe* (Luchterhand, 2023). Angelika Overath wurde mehrfach ausgezeichnet, u.a. mit dem Egon-Erwin-Kisch-Preis für literarische Reportage und dem Bündner Literaturpreis. Zusammen mit ihrem Mann, dem Literaturwissenschaftler und Essayisten Manfred Koch, führt sie eine Schreibschule in Sent.

Daniele Muscionico
Starke Schweizer Frauen
30 Porträts

«In den wunderbaren Porträts zeigt Daniele Muscionico, wie reich das Land an Frauen ist, die Grosses geleistet haben.» *Schweizer Familie*

«Daniele Muscionico beherrscht die Kunst des Anfangs, greift an einem entscheidenden Punkt einen Faden ihres Gewebes auf, und schon versetzt sie uns mitten ins Lebensgewühl ihrer unerschrockenen Frauen.» *NZZ*

«Entflammt von ihrem Elan waren sie alle, diese erstaunlichen Schweizer Frauen. Zu Lebzeiten oft verspottet, nun verehrt! Genauso entflammt schreibt die Kulturjournalistin Daniele Muscionico über diese aufmüpfigen Pionierinnen und Kämpferinnen.»
Hansruedi Kugler, St. Galler Tagblatt

limmatverlag.ch

Christina Caprez
Die illegale Pfarrerin
Das Leben von Greti Caprez-Roffler 1906–1994

«Eine aussergewöhnliche Emanzipationsgeschichte.»
Tagblatt der Stadt Zürich

«Das Porträt einer eigensinnigen und leidenschaftlichen Frau – und gleichzeitig ein Sittengemälde der Schweiz im 20. Jahrhundert.» *Aargauer Zeitung*

«Traditionen mit besseren Argumenten entkräften, Zivilcourage wagen, Fakten schaffen – so geht Emanzipation. Greti Caprez-Roffler lebte sie ihr Leben lang vor und ist bis heute vorbildlich für alle Frauen, die in anderen Kirchen von Ordination und Pfarramt ausgeschlossen sind.» *Tages-Anzeiger*

«Farbig, detailreich und spannend zeichnet Christina Caprez den steinigen Weg der Theologin.» *Virginia*

limmatverlag.ch

Dieses Buch wurde mit finanzieller Unterstützung durch den Förderverein des Limmat Verlags realisiert.

Für einen Druckkostenzuschuss dankt der Verlag der Kulturförderung Kanton Graubünden / SWISSLOS, der Stiftung Kultur im Waldhaus Sils sowie der Ernst Göhner Stiftung.

Kulturförderung Graubünden. Amt für Kultur
Promoziun da la cultura dal Grischun. Uffizi da cultura
Promozione della cultura dei Grigioni. Ufficio della cultura
SWISSLOS

ERNST GÖHNER STIFTUNG

Im Internet
› Informationen zu Autor:innen
› Hinweise auf Veranstaltungen
› Links zu Rezensionen, Podcasts und Fernsehbeiträgen
› Schreiben Sie uns Ihre Meinung zu einem Buch
› Abonnieren Sie unsere Newsletter zu Veranstaltungen und Neuerscheinungen
› Folgen Sie uns

Das *wandelbare Verlagslogo* auf Seite 1 zeigt Stühle und Sessel aller Art, Linoldruck von Laura Jurt, Zürich, laurajurt.ch

Der Limmat Verlag wird vom Bundesamt für Kultur mit einem Strukturbeitrag für die Jahre 2021–2024 unterstützt.

Umschlagfoto: Franziska Barta, fotografiert von Karin Hänni
Fotografien: Die Fotos im Textteil stammen von Angelika Overath
Korrektorat: Günther Fässler
Druck und Bindung: Friedrich Pustet, Regensburg

3. Auflage 2024

ISBN 978-3-03926-067-6

www.limmatverlag.ch